मेकिंग रेडिकल डिसाइपल्स

छोटे दल, घर का चर्च और छोटे समय की इस कर्म सफर मे, चेले बनाने मे सुगमता के छोटी पुस्तिका, चर्च प्लानटींग मुवमेन्ट की मुहिम तक ले जाती है।

मेकिंग रेडिकल डिसाइपल्स

छोटे दल, घर का चर्च और छोटे समय की इस कर्म सफर मे, चेले बनाने मे सुगमता के छोटी पुस्तिका, चर्च प्लानटींग मुवमेन्ट की मुहिम तक ले जाती है।

डेनियल बी. लेनकेस्टर, पी.एच.डी. द्वारा

प्रकाशित द्वारा: टी.एन. टी. प्रेस

पहली छपाई, २०११

सारे अधिकार आरक्षित किये है। इस किताब का कोई भी हिस्सा फिर से उत्पन्न या कोई भी प्रकार से या किसी भी चीज द्वारा, इलेक्ट्रॉनिक या साधन, फोटो कॉपी, रेकॉर्डींग या किसी भी माहिती संग्रह और टीक करनेवाली प्रक्रिया द्वारा नहीं कर सकते लेखक की लिखी हुई अनुमति के बिना, शिवाय संक्षिप्त कथन पुर्ननिरीक्षण में सामिल करने के। ग्रंथ सूची के संदर्भ का समावेश करती है।

तत् गॅर्त्तूँ ई.ग ट्रॅम्प् द्रौँल्तु, ग्ह ंतोनी.म्दस तहूहदस्सह, थ्ल्पी-द्रौँल्तु १९८४, रु २०१२ ई ध्दत्हा अलॅम्प् गँतुतोत्तेर्म्ँ, एूल्लु णपी-तम्प् श्ग्ह, *ल्हहाह-मेर्रूं, उहीं गँतुतोत्तेर्म्ँ* ईूँद्ततेम्प् *गैँत्ू, ऐदैत्, र्त्त्मिं, ई* श्ग्ह एम्पैर्मेँ, ऊँ

कॉपीराइट २०११ डेनियल बी लेनकेस्टर द्वारा

आइ.एस.बी. एन ९७८-१-९३८९२०-१३-४ मुद्रित

सब धर्मग्रंथ की कहावतो बाइबल से लिया गया, न्यू इन्टरनेशनल वर्शन ८ पवित्र एन.आइ.वी. ८ कॉपीराइट (ण) १९७३, १९७८, १९८४ इंटरनेशनल बाइबल सोसायटी द्वारा. सारे अधिकार आरक्षित किये है।

धर्मग्रंथ की कहावतो को विशिष्ट (एन.एल.टी.) पवित्र बाइबल से लिया गया है, न्यू लिविंग ट्रेन्सलेशन, कॉपीराईट (सी) १९९६, २००४, टिनडेल हाऊस, पब्लिशर, इंगक, विटन

इलनॉइ ६०१८९, इजाजत दिया गया है। सारे अधिकार आरक्षित किये है।

धर्मग्रंथ की कहावतो को विशिष्ट (एन.ए. एस.बी.)

न्यू अमेरिकन स्टॅन्डर्ड बाइबल से लिया गया है कोपीराईट (ण)

१९६०, १९६२, १९६३, १९६८, १९७१, १९७२, १९७३, १९७५, १९७७, १९९५ द लोकमेन फाऊन्डेशन द्वारा इजाजत दिया गया है। सारे अधिकार आरक्षित किये है।

धर्मग्रंथ की कहावतो को विशिष्ट (एच.सी.एस.बी.) होलमेन क्रिश्चन स्टॅन्डर्ड बाइबल (आर) से लिए गया कॉपीराईट (ण) २००३, २००२, २०००, १९९९ होलमेन बाइबल पब्लिशर द्वारा इजाजत दिया गया है। सारे अधिकार आरक्षित किये है।

धर्मग्रंथ की कहावतो (सी.ई.वी.) कन्टेम्परेरी इंगलिश वर्शन से लिया गया कॉपीराइट (ण) १९९५ अमेरिकन बाइबल सोसायटी द्वारा। इजाजत दिया गया है।

लाइबेरी अव काँग्रेस कॅटलॉग- इन- पब्लिकेशन डेटा बिब्लीआग्रफीकल

लेनकेस्टर, डेनियल बी.

मेकिंग रेडिकल डिसाइपल्स : छोटे दल, घर का चर्च और छोटे समय की इस कर्म सफर मे, चेले बनाने मे सुगमता के छोटी पुस्तिका, चर्च प्लानटींग मुवमेंट की मुहिम तक ले जाती है। / डेनियल बी. लेनकेस्टर

ग्रंथ सूची निर्देश संयुक्त करना।

आइ.एस.बी.एन. ९७८-१-९३८९२०-१३-४

१. फोलो जीजस ट्रेनींग: बेसिक डिसाइफ्लसिप - यूनाइटेड स्टेट १. टाइटल

गुण वर्णन

''वहाँ पर सदा किताबो की आवश्यकता होती है जो देखती है दूत-कर्म विस्तार और चर्च की प्रगति अनुभव और समर्पण की आँखो के द्वारा। फोलो जीसस ट्रेनींग ऐसी ही शृखंला है। ये येशु के कार्य पद्धति को सरल (आसान) बनाती है आज की दुनिया के राष्ट्रो तक पहुँचने।

यह किताब लिखी गयी है व्यवहार निपुण आदमी द्वारा, ना कि सिर्फ कल्पना शक्ति से लिखनेवाले के द्वारा। आप धनरान होंगे फोलो जीसस ट्रेनींग पढ़ने और अभ्यास करने से, डान लेनकास्टर के अनुभवी सेवक की कलम से ताजा मूल्य।""

रोय. जे. फिश, प्राध्यापक एमीरेटु, साऊथ वेस्ट
बेप्टीस्ट पीयोलोजीकल सेमीनरी।

हमें कुछ ऐसे नये विश्वासियोंकी तलाश है, जो सरल तरिको से किसी भी संस्कृति समूह में से चले बना सके। यह एक मात्र तीन दिवस की डिसाईपल ट्रेनिंग मेनवता है, जिस से कि नए चेलो बहुत आसान तरिको से और दुसरे चेलो को प्रशिक्षित कर सकते है। बदले में उदाहरण के लिए, हम येशु कि आज्ञाओं को बड़े प्रेम के साथ उनका पालन कर सकते है। डेन लेनकेस्टर ने बहुत अनुभाव व अभ्यास के साथ यह धर्मग्रंथ मुझे सौपे है।

गेलिन कुराह
पॉल टिमोथी ट्रेनस
आइटरेन्ट कनसलन्टट
ै.ईल्त-ऊग्स्दूष्७.ह्यू

यह परिणामकारी आकार एक स्पस् दोहराया आकार है जिससे नये चेले बड़ी आसानी से धर्म की नीव को समज सकते है, और एक दूसरे के साथ इस समय को बाट सकते है।

क्लाईड डी. मिएडर

एक्जिक्योटिव वाईस प्रेसिडेन्ट

इंटरनॅशनल मिशन बोर्ड. एस.बी.सी.

मैने यह महत्त्वपूर्ण सामग्री अमेरिका के नेताओ को सिखाई है। और हर बार मुझे यही उत्तर मिला है कि, यह बहुत सरल है। काश मुझे यह बहुत पहले सिकाया होता। इस मेनवल में व्यावहारिक, सिद्द करे हुए परिणामकारी गुण है जो एक नये चेले को और दुसरे चेले को बनाने के लिए सहायता करता है।

मैं तह दिल से इस मेनवल कि सिफारिश करता हूँ।

रोइ मेक्लांग

मिशनरी / कॉनमलटन्ट

ै.ईग्सैंाश्ब्श्गहीू.म्दस

यह सी पी एम विश्व के लिए एक धर्म सिक्षा है। इस में वह सभी गुणोवाली सरल एवं महत्तवपूर्ण टिप्पणिया है जो एक गुणकारी फलस्वरुपी चेले में होनी चाहिये।

कर्टिस सरजेन्ट

वाईज प्रेसिडेन्ट फॉर ग्लोबल स्ट्रेटिजिस

इ ३, पाउर्टनर्स मिनिस्ट्रा

ै.म३ज्रूँही.दु

येशु ने अपने विश्वास कि नीव कायम रकने के लिए, नए विश्वासी को अपने कट्टर चेले बनाने का यह एक साधन रका है। यह विश्वासियों को ईश्वर के प्रति अपने तन, मन से प्रेम करना सिखाता है। नए व अनुभव विश्वासियों के लिए एक एसा साधन है जो ईश्वर के प्रति प्रेम का आधार बन जाता है। पहले दिन से ही चेले एक मृत व खोए हुए विश्व के सम्बंध कि जानकारी रखते है। यह एक बहुत ही व्यावहारिक, धार्मिक, मैत्रीपूर्ण व दृढ़ साधन है। जिससे प्रशिक्षक येसु की ज्योती के साथ अंधकार कि ओर बढ़ सकता है। और यही सब ज्ञान अपने दूसरो को दे सकते है।

जेराल्ड.डब्लू बर्क

मिशनरी इमटिटन्स

इंन्टरनेशनल मिशन बोर्ड एस.बी.सी.

डेन लेनकेस्टर ने येशु के कट्टर चेले बनने के लिए बहुत ही साधारण धार्मिक एवं प्रतिकृति क्रिया दी है।

येशु के आठ साधारन चित्रो का उपयोग किया है, जो विश्वासियों को प्रबु की ओर बढ़ने के लिए सहायता करता है।

केन हेमफिल

नेशनल स्ट्रटिजिस्ट फॉर इमपाबटिक किंगडम ग्रोत,

औथर, स्पीकर, ग्रोत कॅन स्टलटन्ट एन्ड

प्रोफेसर आफ इवेन्जेलिस्म एन्ड चर्च ग्रोत.

मैने यह सामग्री फिलिपीन्स मे लागू कि है, मुझे यह बहुत प्रिय है क्योंकी इनका परिणाम अच्छा है। मैने अपने चेलो सें पुछा कि उनको यह सामग्री क्यो अच्छी लगती है? उनका एक मात्र उत्तर था कि जिनको हम पढ़ाते है वह दुसरों को भी उसी रुचि से पढ़ाते है। यह एक बहुत ही महत्त्वपूर्ण विषय है। क्योंकि यह एक प्रतिकृति क्रिया है।

हमने डाक्टर, वकील, फौजी, विद्यवा, व्यापारी, सतंरी, शिक्षित एव अनशिक्षित लोगो को यह सामग्री द्वारा दूसरो को प्रशिक्षित बनाते देखा है।

डेरल सील

मिशनरी इन दि फिलिपिन्स

मेने तिस सालो थाईलेन्ड के गाव व शहरों मे ऐसे गिरजा घर देखे है जो बहुत ही छोटे और निर्जीव है, और वह लगातार दुसरे अध्यात्मिक गुरुजनों पर निर्भर रहते है। यह स्थिति का कारण या पश्चमि तौर तरिको का पढ़ाना जो कि राष्ट्रीय विशवासियों किं प्रतिकृति नही थी। यह मिरजाघर शुरु से ही अलग रहे है।

यह ट्रेनिंग मेनवल हमें वह दो राह बताती है, जिससे यह शब्द एक विश्वासी से दुसरे विश्वासी से गुजरेगा, और दुसरा साधारण प्रतिकृतियों का दोहराता है।

जेक किन्तिसन

मिशनरी एमरीटीस

इन्टरनेसनल निशका बों एस.बी.सी.

येशु ने कहा जो मेरा चेला बनना चाहता है वह स्वयं का खंडन करे और अपना क्रुस उठाकर मेरे पीछे चले।

डेन लेन्केस्टर जो एक ज्ञानकारी गुरु है। वे इस बात को अच्छी तरह जानते है कि, बुनियादी एवं अपूर्णीय शिक्षितों की कमी है।

इसलिए यह ट्रेनिंग ऐसे गाव व शहरो की कक्षाओं के लिए अत्यंत महत्त्वपूर्ण है।

बॉब बटलर

कन्ट्री डायरेक्टर

कूऑपरेटव सर्विस इन्टरनेशनल

नोम पेन किंगडम ऑफ फम्बोडियाी

डा. डेन लेन्केस्टर ने न केवल येशु के उपदेशों का ज्ञान प्राप्त किया है बल्कि संस्कृति का भी अभ्यास किया है। उन्होंने बिना किसी निश्चित घोषणा के बड़े ही सरलापूर्वक यह कार्य बनाया है। जिनमे मन्युष्य ही येशु का एक कट्टर चेला बन सकता है। मै इस कार्य में प्रशंसा करते हुए प्रार्थना करता हू कि यह कार्य अमेरिका के ग्रह चर्च से निकल कर एक स्थानिक चर्च मे लागू हो।

टेड एलमोर

प्रेयर स्ट्रटिजिस्ट एन्ड फिल्ड मिनिस्ट्री स्ट्राटजिस्ट

सधन बेटिस्ट ऑफ टेक्सास कनवेनशेन

अन्तर्वस्तु

गुण वर्णन ३
प्रस्तावनाू ११
अभार — पूर्ति १३
आरम्भ प्रस्तावना १५

भाग १ : नटस् एन्ड बोल्टस्

यीशु की व्यूहरचना (कार्य पद्धति) २१
प्रशिक्षकों का प्रशिक्षण २९
सादा पूजो ३५

भाग-२ : प्रशिक्षण

स्वागत ४१
बहुगुणि ४९
प्रेम ६३
प्रार्थना ७३
कहना- सुनाना ८५
चलना ९९
जाओ १११
भाग १२१
बीज बोना १३५
स्वीकार करना १४७
अंतिम टीप्पणी १५५

भाग ३: संदभ

अधिक अध्ययन १५९
परिशिष्ट अँ.. १६१
परिशिष्ट बी.. १६३
परिशिष्ट सी १७१

प्रस्तावनू

9"हू्म्पिू पस्ू द दौर्न त्तू प्हुे्पूदानी ६ प्न म्दर्स्हिू ब्दल. ""

यह पंक्तिया ग्रेट कमिशन के लिए आज भी उतनी ही महत्वपूर्ण व चुनौती देनेवाली है जो आज से २,००० साल पहले येशु ख्रिस्त ने बनाई थी। क्रिस्त के आदेशो को मानना इसका क्या मतलब है? चेले योहन कहते है कि अगर हम वह सब लिखे जो क्रिस्त ने कहा और करु तो विश्व की पुस्तके भर जाएगी। (योहन २१:२५) अवश्य येशु के पास संक्षिप्त और स्पष्ट रुप से कुछ कार्य या। भाग ६ में येशु की ट्रेनिंग शिशक मेकिंग रेडिकल डिसाइपल में डेन लेन बेस्टर ने गोसपल से आठ ऐसे चित्र निकाले है जिनके अनुसरण करने पर येशु के बताए मार्ग पर चलने वाले चेले येशु की भांति चेले बन सकते है।

डेन ने शिशत्य कार्यक्रम को बडे निपुणता से परख कर नए विश्वासियों को न केवल क्रिस्त की भांति चेले बनाने की योजना की, परन्तु वे स्वयं एक परिणामकारी चेले बने।

संक्षिप्त मे डॉ. लेनकेस्टर ने एक ऐसी प्रतिकृतियों की रूपरेखा बनाई है जो विश्व के किसी भी संस्कृतियों में लागू हो सकती है।

मेकिंग रेडिकल डिसाइपल्स एक ऐसा गतिदायक बल का योगदान है, जिससे कभी न अन्त होने वाले येशु क्रिस्त के राज्य का सारे विश्व में नए चेलो द्वारा गुणगान है।

चेले बनाना इस विश्व में इतना सरल नही है, परन्तु नामुमकिन भी नही है ना ही वैकल्पिक।

जैसे जैसे हम डेन लेनकेस्टर के मेकिंग रेडिकल डिसाइपल के मार्ग पर चलोगे, हम कुछ ऐसे चेले मिलेंगे जो जांच परख से सिद्ध किए गए मार्ग दर्शन कराने में सहायता करेंगे।

डेविड गेरिसन
चिराग मई, थाईलेन्ड
औथऊ चर्च प्लाटिंग मुनमेन्टस हाऊ गॉड इस रिडीमिंग ए लॉस्ट वर्ल्ड

अभार — पूर्ति

अमेरिका के तीन गिरजाधर के सदस्यों का मै आभारी हूँ, जहाँ १५ साल पहले एफ. जे.टी. शुरु हुआ था: कॉम्युनिटी बाईबल चर्च, हेमिलटन, (सरल चर्च) प्याट टेक्सास: न्यु कविनेन्ट बेपटिस्ट चर्च, टेमपल, टेक्सास, (इस्टेबिलिश्ड- डिसाईपलशिप- फोकस्ड चर्च) और हाईलेन्ड फैलोशिप, ल्युविस विला, टेक्सास (ए सबबर्न चर्च प्लांट)

हमने पिछले कुछ सालो मे क्रिस्त के ४-७ व ८ चित्रो को बढ़ते देखा है।

हमने आपस में एक दूसरे के साथ जो समय प्रेम, प्रार्थना मे गुजारा है वे एक राष्ट्रीय के हित के लिए बडा लाभदायक साबित हुआ है।

बहुत से राष्ट्रीय भागीदार एवं साऊथइस्ट एशियन देशो ने फोलो जिजस ट्रेनिंग इन्टरनेशनली के सुधार पर अमल लाने का प्रयास किया है।

मैं उनका नाम नही बता सकता अथवा इन तीन राष्ट्रों ने अच्छी तरह परख कर यह ट्रेनिंग जारी रखी जिससे नए चेलो को बनाने में वह सक्षम रहे मैं इन सभी प्रशिक्षण सदस्यों का आभारी हूँ जिन्होंने प्रार्थना एवं पुनर्भरण से मुझे ४ सालो तक साऊथ इस्ट एशिया में प्रोत्साहित किया, प्रत्येक व्यक्ति एक मार्गदर्शी का उत्पादन है और मैं उनका आभारी हूँ।

मैं रेव, रोनी केप्स, डॉ. रॉय जे. फिश, रेव. क्रेग गेरिसन, डॉ. डेविड गेरिसन, डॉ. एलविन मक्केन, रेव. डायटॉन टोमो तथा डॉ. थॉम वुल्फ का आभारी हू जिनका असर मेरे जीवन में येशु के एक चेला हाहेने का कारण रहा।

मेरा विशेष आभार डॉ. जार्ज पैटरसन और गलिन कुर्राह को जाता है। अन्त में मै अपने परिवार के सदस्यों का आभारी हूँ जिनसे मुझे सहायता एवं प्रोत्साहन मिला। मेरे बच्चे जैफ, जैक, केरिस और जैन एक विश्वास, प्रेम का न अन्त होने वाले स्त्रोत का प्रतीक है। लीली मेरे धर्मपत्नी ने बहुत प्रशासनीय कार्य किए है समय समय

मेरी टिप्पीयों को पढ़कर मुझे सुझाव दिए और बहुत सारे अच्छे गुणकारी विचारों से सम्बन्धित रखा।

ईश्वर आप सभी को आशिर्वाद दे और अध्यात्मिक नेताओं को समझ दे की वे विभिन्न राष्ट्र में सुधार ला सके।

डेनियल बी. लेनकेस्टर, पी.एच.डी.
साऊथ ईस्ट एशिया

आरम्भ प्रस्तावना

आप सभी का 'मेकिंग रेडिकल डिसायपल" कार्यक्रम में स्वागत है। इसका पहला हिस्सा 'फॉलो जिजस ट्रेनिंग" है। यहाँ प्रभु के पुत्र जिजस के आर्शीवाद से आपकी से प्रतिशत प्रगति होंगी। इस कार्यक्रम के द्वारा आप सफल एवं शुभ परिणाम पाने के लिए प्रभु के पथ पर हमारे साथ-साथ चले। इसे 'अनरिचट पीपल ग्रुप" कहते है।

आपके हाथ में जो मार्गदर्शन पुस्तक है, वो येशू की योजना है। इसका उद्‌देश्य दुनिया के हर व्यक्ति तक पहुँचे। उत्तर अमेरिका और दक्षणि एशिया में इसका संशोधन करके जाँच भी किया। यह सिर्फ ज्ञान नहीं है किंतु इसे अनुभव करना जरुरी है। इससे दुनिया में बदलाव ला सकें। प्रभु के साथ हमने किया अभी आप भी करोंगे।

इसके लिए हमने गाँवो में एवं शहरों में गिरजाधर बनाया। अभी हमारे सदस्य दक्षिण अमेरिका में ज्ञान प्रसार कर रहे है। १० वर्ष से अधिक समय से यह ज्ञान लोगों को दिया जा रहा है और साथ ही साथ नेता बनाते है। इसकी शुरुआत अमेरिका में हुए। अमेरिका के बहार के देशों में जाकर अपनी भाषा के साथ-साथ स्थानिक भाषा के द्वारा इस मिस्त्र का ज्ञान प्रसार करते है। इस कार्य के लिए परिवार के सदस्य उम्मीद के साथ कार्यरत है।

भाषा का ज्ञान प्राप्त करकें। वहाँ के ही अच्छे शिष्य टटोलकर उन्हें गिरजाधर की रचना कैसे करें ? इस का भी ज्ञान देते है। इस कार्यक्रम में ३० से ४० छात्रों का समूह एकत्रित होकर अभ्यास करते है। इस कार्यक्रम की बहुत प्रशंसा हुई है। आपने अनेक तकलिफों के बावजूद दूसरों को ज्ञान दिया है।

अमेरिका में लोगों ने इसका ज्ञान प्राप्त किया। किंतु देखा गया कि दूसरों को ज्ञान नहीं देते है। क्योंकि उन्हें बायबल का ज्ञान जन्मजात होता है। उनकी संस्कृति ही है। दक्षिण एशिया में बायबल के ज्ञान से लोग वंचति है।

अमेरिका में वास्तव में एक ईशाह दूसरे को प्रभावित करते है। किंतु दूसरे देश में ऐसा कोई मिलेगा नहीं।

खैर, यहाँ हम एक चुनौती में है। हम सिखाते है कि जो अच्छे लोग रहते है किंतु एक-दूसरे में ज्ञान नहीं बाटते। पर इस सेमिनार से यह पूर्ण होता है। यह सेमिनार एक सप्ताह का होता है। यहाँ ज्ञान के साथ-साथ भोजन भी दिया जाता है। जो गरीब देश है वहा इस सेमिनार में अधिक से अधिक संख्या में लोग हाजिर रहते है। पर जब सेमिनार के पश्चात मैंने जो देखा वह आश्चर्य भी लगा और दुःख भी हुआ।

हमारे एक प्रशिक्षण कार्यक्रम के बाद मै चाय पीने के लिए बैठा था तभी मैंने अपने सिखानेवाले से एक साधा प्रश्न पुछा- योहान, हमने जितना प्रशिक्षण हफ्ते मे लिया क्या वो सब लोग कर पाएँगे या दुसरों को दे सकेंगे?

योहान ने इस बारे में थोडी देर सोचा, मैं कुछ बताऊँ वे मुझे इसका जवाब देना नही चाहते थे। उनके समाज में एक विद्यार्थी अपने शिक्षक से आलोचना नही कर सकता था और उन्हे ऐसे लग रहा था की मै उन्हे ऐसा लग रहा था की मै उन्हे ऐसा करने के लिए कह रहा हूँ। बाद मे चर्चा के बाद और मुझसे आश्वासन लेने के बाद उन्होने उत्तर दिया की सब बदल दो। ''डॉ. डॅन मुझे लगता है कि आपने गए हफ्तो मे जो सिखाया है उसका १० प्रतिशत तो लोग कर सकते है।"" मै एकदम चकित रह गया और प्रयास कर रहा था की उन्हे यह न दिखाऊ। फिर भी योहान से एक और सवाल पूछा यह प्रक्रिया जो हमने चालू की है उसे हमे ढाई साल के लिए चालू रखना है?

योहान क्या तुम मुझे वह १० प्रतिशत दिखा सकते हो जो ये कर सकते है या कर रहे है? मेरे हिसाब से उन दस प्रतिशत को रखे और बाकी को निकाल दे और प्रशिक्षण को वापस लिखे जबतक वे सब कुछ कर नही लेते जो हमने उन्हे सिखाया है।

योहान ने मुझे ऐसे १० प्रतिशत लोग दिखाए जिनपर वह विश्वास करते थे की वे कर सकते है। हमने बाकी को निकाल दिया और प्रशिक्षण का कार्यक्रम अगली मुलाकात तक वापस लिखा। एक महिने बाद हमने वही एक हफ्ते का प्रशिक्षण दिया। योहान को बाद में वही सवाल पूछा कितने प्रतिशत वे कर सकते है।

योहान ने कहा, ''डॉ. डॅन मुझे विश्वास है की इस बार वे १५ प्रतिशत कर सकते है जो तुमने सिखाया है।""

मेरा बोलना बंद हो गया। योहान यह नही जानते थे की मैने प्रशिक्षण कार्यक्रम पहले महिने से वापस लिखा था। जिसमे सब कुछ अच्छा ही अच्छा होना था जो मैने अमेरिका में एक गडरीए के रुप मे सिखा था। और बाकी के चर्च वालों को सिखाया

था। वह चर्चासत्र सबसे अच्छा था जो मैंने दिया था... और प्रशिक्षार्थी उसमे से सिर्फ १५ प्रतिशत करने वाले थे।

इसलिए वह प्रक्रिया शुरु करे जो हमे ढाई साल के लिए इस्तेमाल की। येशु को अपनाना सिखाने के कार्यक्रम का विकास करे। हर महिने हमने एक हफ्ते का चर्चासत्र रखा और उसके बारे मे जानने के लिए एक सत्र इस चर्चासत्र के बाद रखा। एक सवाल हमारे इस प्रयत्न को बता रहा था कि हमने जो सिखाया है उसमे से कितने प्रतिशत ये प्रशिक्षण के कारण करने वाले है?

तिसरे महिने तक यह २० प्रतिशत बढ़ा उसके अगले महिने मे वह २५ तक गया। कुछ महिने हमे बिलकुल आगे नही बढ़े। उसके बाद हम, बहुत आगे बढे। इस विकास की प्रक्रिया में एक मुख्य बात दिखी। जितना हम दुसरों को येशु को अपनाने के लिए सिखाते है उसी तरह वे भी औरो को उसी तरह सिखाते है।

मुझे अभी भी वह दिन याद है जब जॉन और दूसरे राष्ट्रीय लोगों ने मुझ से कहा कि जीन लोगों को हमने प्रशिक्षित किया है वे ९० प्रतिशत वही कर रहे है जो हमने उन्हे करने को सिखाया है। हमने कबसे हमारे पाश्चात्य तरीके, आशियायी तरीके, पीएनडी प्रशिक्षण, हमारे अनुभव छोडे है और सिर्फ उसपर विश्वास रखा है जो येसु ने हमे उदाहरण मे छोडे है।

यही कहानी है की कैसे यह येशु को अपनाने की प्रशिक्षण प्रक्रिया आई। बहुतसारे शिष्य बनाना ये एक प्रशिक्षण कार्य है जो माननेवालो को जोडता है की वे येशु को अपनाने की ५ क्रियाएँ करे। जो गॉसपल एक कला की किताब (एपिसलि) ? चर्च के इतिहास में देखने को मिलती है। इस प्रशिक्षण का मुख्य उद्देश्य था बदलाव करना इसलिए यह पाठ सीधे थे। बीज धार्मिक सत्य की तरह जो वापस लगाए जा सके वे धार्मिक प्रिंसिपल को मानते है की थोडा और माननेवालो को अधिकार देता है की वापस लगाओ और ख्रीस्त के माननेवालो के साथ रहो।

इसमे जो भी है वह वैसा ही सिखाए इसमे बदलाव न करे। कम से कम ५ बार सोचो की प्रशिक्षण लेनेवाले सारे आपके बाजू मे चल रहे है और बता रहे है कि तुमने पहली पाँच बार इस प्रशिक्षण का गौरव किया था।

भाग १

नटस् एन्ड बोल्टस्

यीशु की व्यूहरचना
(कार्य पद्धति)

येशु की कार्य पद्धति राष्ट्रो तक पहुचने की मे पाँच स्टेपस (क्रय) संयुक्त करते है: प्रभु में मजबूती से बढ़ो, सुसमाचार बांटो, चेले बनाओ, जुथ बनाना शुरु करो जो क्लासिया तक ले जाये, और नेता बनाओ। हर स्टेप अकेला खडा रहता है, परन्तु दूसरे स्टेपस को भी विस्तृत करता है चक्राकार पद्धति में। एफजेटी में वस्तु तालीम देनेवाले को अधिकार देता है क्लीसिया जमाने की मुहिम के लिये केटालिस्ट होना उनके लोगो के बीच येशु का अनुकरण करने के द्वारा।

मेकींग रेडीकल डीसाइपल्स पहले तीन क्रम को निवेदित करता है प्रभु मे मजबुती से बढ़ो, सुसमाचार बांटो और चेले बनाओ। विद्यार्थियों को बढ़ाने (मल्टीप्लीकेशन) के लिये अनुमान दिया गया है और उन्हें तालीम दी गई है कैसे: छोटे जुथ को मार्ग दिखाए, प्रार्थना करे, येशु के आदेशो को माने, और पवित्र आत्मा के सामर्थ्य मे चलो (प्रभु मे मजबुत बनो) विद्यार्थि फिर जान पाते है प्रभु से कैसे जुडे जहाँ कही भी वे शायद काम करते हो; वे सीखते है केसे उनकी गवाही बांटे सुसमाचार बोये, और दूसरों के साथ अनुमान बांटे उनके लोगो मे (सुमाचार बांटना) बढाने के लिये। क्रियाविधी पूरी करना विद्यार्थी को देता है साधन चेले बनाने (तीसरा क्रम) के लिये और उन्हे जुथ में मार्गदर्शन देने।

विद्यार्थी जो विश्वासु है दूसरो को तालीम देने, स्वाभाविक चेले बनाना इस्तेमाल करते हुए शायद जारी रहे या स्टार्टींग रेडीकल चर्चेस या ट्रेनींग रेडीकल लीडरस के साथ, उनकी आवश्यकता पर निर्भर करते हुए। स्टार्टींग रेडीकल चर्चेस तालीम प्रक्रिया बनायी गयी है चर्चा क्लासिया को अधिकार देने नया जुथ और क्लीसिया चालु करने येशु की कार्य पद्धति मे चौथा क्रम, चर्च प्लानटींग मुवमेन्ट बोने की मुहिम तक ले जाना। ट्रेनिंग रेडीकल लीडर तालीम पद्धति बनायी है तीव्र, आध्यात्मिक नेता बनाने (येशु की कार्य पद्धती में पांचवा क्रम), क्लीसिया बोने की मुहिम के अंतिम लक्ष्य की ओर जाने भी। दोनो तालीम पद्धती येशु की सेवा और तरीके का अनुसंधान करती है, विद्यार्थियों सर, पुन: उत्पन्न करने वाला साधन देते है कि वे मास्टर बने और दूसरों के साथ बांटे।

येशु

येशु आपको सशक्त बनाएगें।

> *लूक २:५२- येशू बुद्धि में, डील-डौल में और परमेश्वर तथा मनुष्यों के अनुग्रह में बढ़ता गया।*

येशू के शब्दो की बाँटना!

मरकुस १:१४, १५- योहन के गिरफ्तार हो जाने के बाद येशु गलील प्रदेश में आए और यह कहते हुए परमेश्वर के शुभ-समाचार का प्रचार करने लगे, ''समय पूरा हो चुका है। परमेश्वर का राज्य निकट आ गया है। पश्चात्ताप करो और शुभ समाचार पर विश्वास करो।"" (एन एल ट)

शिष्य बनाना।

मरकुस १:१६-१८– गलील की झील के तट पर जाते हुए येशू ने सिमोन और उसके भाई अन्द्रेयास को देखा। वे झील मे जाल डाल रहे थे, क्योंकि वे मछुए थे। येशू ने उन से कहा, ''मेरे पीछे आओ। मैं तुम्हें मनुष्यों के मछुए बनाऊँगा।"" और वे तुरन्त अपने जाल छोड़ कर उनके पीछे हो लिये। (सी इ वी)

समुह या चर्च की रचना करना।

मरकुस ३:१४, १५- येशू ने उन में से बारह को नियुक्त किया, और उन्हे प्रेरित नाम दिया, जिससे वे लोग उनके साथ रहे और वह उन्हे भूतों को निकालने का अधिकार देकर शुभ-समाचार का प्रगर करने के लिए भेजें। (और देको मरकुस ३:१६ — १९, ३१, ३५)

लीडर को प्रशिक्षीत किजीए।

मरकुस ६:७-१०- येशु शिक्षा देते हुए गाँव-गाँव में भ्रमण कर रहे थे। उन्होंने बारहों प्रेरितो को अपने पास बुलाया, और उन्हे अशुद्ध आत्माओं पर अधिकार देकर वह उन्हें दो-दो करके भेजने लगे। येशु ने आदेश

दिया कि व लाठी के अतिरिक्त मार्ग के लिए कुछ भी नहीं ले जायें- न रोटी न झोली, न फेंटे में पैसा। वे पैरो में चप्पल पहिन सकते है, परन्तु दो कुरते नहीं पहिने। उन्होंने उन से कहा, ''जहाँ कहीं तुम किसी घर मे प्रवेश करो, तो उस स्थान से विदा होने तक वही रहो।(और देको- मरकुस ६:११-१३)

पतरस

येशु आपको मजबूत बनाएगे।

प्रेरितों के कार्य १:१३-१४- वहाँ पहुँच कर वे अटारी पर चढ़े, जहाँ वे ठहरे हुए थे। वे थे: पतरस तथा योहन, याकूब तथा अन्द्रेयास, फिलिप तथा थोमस, बरतोलोमी तथा मत्ती, हलफई का पुत्र याकूब तथा ''धर्मोत्साही'''' शिमोन और याकूब का पुत्र यहूदा। ये सब, कई स्त्रियों के साथ, येशू की माता मरियम तथा उनके भाइयों सहित, एक-चित्र होकर प्रार्थना मे लगे रहे। (एन एल ट)

येशु के शब्दो को बाँटना।

प्रेरितों के कार्य २:३८, ३९- पतरस ने उन्हें यह उत्तर दिया, ''आप लोग पश्चात्ताप करें! आप लोगों में से प्रत्येक व्यक्ति अपने-अपने पापों की क्षमा के लिए येशु मसीह के नाम से बपतिस्मा ले। इस प्रकार आप पवित्र आत्मा का वरदान प्राप्त करेंगे; क्योंकि वह प्रतिज्ञा आपके तथा आपकी सन्तान के लिए है, और उन सब के लिए, जो अभी दूर हैं और जिन्हें हमारा प्रभु परमेश्वर अपने पास बुला रहा है।'''' (सी ई वी)

शिष्य बनाना।

प्रेरितो के कार्य २:४२, ४३- वे प्रेरितों की शिक्षा, सत्संग, रोटी तोडने एवं प्रार्थना में दत्तचित रहने लगे। सब लोगों पर भय छाया हुआ था, क्योकि प्रेरितों द्वारा बहुत अद्भुत कार्य एवं चिह्न दिखाए गये थे। *(एन ए एस बी)*

समूह या चर्च की रचना करना।

प्रेरितों के कार्य २:४४-४७– सब विश्वासी एक साथ रहते थे। उनके पास जो कुछ था, उस में सब का साझा ता। वे अपनी चल-अचल सम्पत्ति बेच देते और उससे प्राप्त धनराशि हर एक की जरुरत के अनुसार सब को बांट देते थे। वे प्रतिदिन मन्दिर में एक भाव से उपस्थित होते, घर-घर में रोटी तोड़ते और निष्कपट हृदय से आनन्दपूर्वक एक साथ भोजन करते थे। वे परमेश्वर की स्तुति किया करते थे और सारी जनता उन्हें बहुत मानती थी। प्रभु प्रतिदिन उनके समुदाय में उन लोगों को मिला देता था, जो मुक्ति प्राप्त करते थे। *(एन ए एस बी)*

लिडर की प्रशिक्षीत करना।

प्रेरितों के कार्य ६:३, ४- "अत: भाई बहिनो, आप लोग अपने बीच से सात सच्चरित्र पुरुषों के चुन लीजिए, जो पवित्र आत्मा और बुद्धि से परिपूर्ण हो। हम उन्हे इस कार्य के लिए नियुक्त करेंगे, और हम लोग प्रार्थना में और वचन की सेवा में लगे रहेंगे।" *(एन एल ट)* (और देको- प्रेरितों के कार्य ६:५,६)

पौलुस

येशु आपको मजबूत बनाएगे।

गलातियों १:१५-१७- मैं अपने पूर्वजों की परस्पराओ का पालन अत्यंत धर्मोत्साह से करता था और यहूदी धर्म -विधि के पालन में अपने समय के बहुच-से हम-उम्र यहूदियों से बहुत आगे था। किन्तु परमेश्वर ने मुजे मता के गर्भ से ही अपने कार्य के लिए अलग कर लिया था और उसने अपने अनुग्रह से मुझे बुलाया; उसने मुझ पर और मेरे द्वारा - अपने पुत्र को प्रकट करने का निश्चय किया, जिससे मैं गैर यहूदियों में उसके पुत्र के शुभ समाचार का प्रचार करूँ। इसके बाद मैंने किसी निरे मनुष्य से परामर्श नहीं किया और जो मुझ से पहले प्रेरित थे, उनसे मिल लिए मैं यरुशलेम नहीं गया; बल्कि मैं तुरन्त अरब देश गया और बाद में दमिश्क नगर लौटा।

येशु के शब्दों को बाँटना।

प्रेरितों के कार्य १४:२१ - उन्होंने उस नगर मे शुभ समाचार का प्रचार किया और बहुत शिष्य बनाये। इसके बाद वे लुस्त्रा और इकोनियुम होकर अन्ताकिया लौटे।

शिष्य बनाना।

प्रेरितों के कार्य १४:२२ - वे शिष्यों का मन सुदृढ़ करते और उन्हे विश्वास मे स्थिर रहने के लिए प्रोत्साहित करते थे, और कहते थे कि हमें बहुत से कष्ट सह कर परमेश्वर के राज्य में प्रवेश करना है।

समूह या चर्च की रचना करना।

प्रेरितों के कार्य १४:२३- उन्होंने प्रत्येक कलीसिया में उनके लिए धर्मवृद्धों को नियुक्त किया और प्रार्थना तथा उपवास करने के बाद उन्हें प्रभु के हाथों सौंप दिया, जिन पर वे विश्वास कर चुके थे।

लीडर को प्रशिक्षीत करना।

प्रेरितों के कार्य १६:१-३- पौलुस दिखे और लुस्त्रा नगर भी पहुँचे। वहाँ तिमोथी नामक एक शिष्य था, जो विश्वासी यहूदी माता तथा यूनानी पिता का पुत्र ता। लुस्त्रा और इकोनियुम के भाई-बहिनों में उसका अच्छा नाम था। पौलिस चाहते थे कि वह उनके साथ यात्रा में चले। उस प्रदेश में रहने वाले यहूदियों के कारण पौलुस ने तिमोथी का खतना कराया, क्योंकि सब जानते थे कि उसका पिता यूनानी है।

चर्च का इतिहास

पूरे चर्च के इतिहास में यही पांच कदम की प्रक्रिया का स्पष्ट वर्णन है! क्या सेंट बेने. डिक्ट, सेंट फ्रान्सीस ऑफ ॲसिस, पीटर वॉल्डो, वॅल्डेन्सीअस, जॅकोब स्पेनर, पेटीस्ट्, जॉन वेसली, जॉनेथन, एडर्वडस, पुरीतान्स, गिलबर्ट टेन्टट, बॉप्टीस्ट, डॉसेन, ट्राटमन नॅव्हीग्रेटरस बिली, ग्रॅहम, मॉर्डन ५झ इवॉनगेलीकॅलीझेम, बिल ब्राईट, कॅम्पस क्रूसेड, फॉर क्राईस्ट (मॅथ्योडीस्ट), वह प्रक्रिया उभरकर पुनः आती है।

येशु कहते है, ''मे मेरा चर्च खुद बनाऊँगा"" (मथ्यु १६:१८) यह प्रक्रिया खुद येशु का तरीका है और एफजेटी आस्थावन को सशक्त करता है की वह येशु का अनुसरण अपने पूरे हृदय, आत्मा, मस्तिष्क और शक्ति से करें।

प्रशिक्षकों का प्रशिक्षण

यह धारा, कैसे प्रशिक्षकों को पुनरुत्पादनीय तरीके से प्रशिक्षित करने का विवरण देगा। पहल हम आपको बताना चाहते है कि मेकिंग रेडिकल डिसाइपल्स के द्वारा दूसरों को प्रशिक्षित करने के परिणाम स्वरुप आप क्या समुचित उम्मीद कर सकते है। फिर, हम आपके लिए प्रशिक्षण की रुपरेखा बनाएंगे, जिसमें शामिल है १) अर्चना, २) प्रार्थना, ३) अध्ययन और ४) अभ्यास, जो बहुत महत्वपूर्ण ईश्वरीय आदेश पर आधारीत है। अंत में हम आपसे बाँटेंगे कुछ प्रमुख मूल तत्व प्रशिक्षकों को प्रशिक्षित करने के जो हमने इस प्रक्रिया को इस्तेमाल करते दौरान ढूंढे है।

परिणाम

मेकिंग रेडिकल डिसाइपल्स के परिष्करण या समापन के बाद, शिष्य निम्नलिखित कार्य के योग्य हो जाएँगा:-

- पुनरुत्पादनीय प्रशिक्षण कार्यक्रम का प्रयोग करे। येशु पर आधारीत दस मूल शिष्यता उपदेश दूसरों को सिखाना। येशु के शिष्य को दर्शाने वालो आठ प्रतिमा का स्मरण करना। बहुत महत्वपूर्ण ईश्वरीय आदेश पर आधारीत, सामान्य, छोटे-समुह अर्चना का अनुभव करते हुए नेतृत्व करना। शक्तिशाली कथन और इसा चरित पेशकश को आत्मविश्वास से बताना। हारे हुए तक पहुँचने के लिए एक ठोस द्रष्टि प्रस्तुत करना और समर्थक की अॅक्ट २९ मॅप इस्तेमाल करके प्रशिक्षित करना। शिष्य समुह की रचना करना (जिनमे कुछ लोग चर्च बन जाएंगे) और दूसरी को वही करने के लिए प्रशिक्षित करना।

प्रक्रिया

हर एक अधिवेशन वही फॅर्मिट का अनुकरण करता है। विधि और अनुमानित टाइम टेबल की सुची निचे अनुसार है:-

प्रशंसा

- १० मिनट
- किसी को सत्र चालू करने के लिए कहिए। भगवान के आशीर्वाद और दल के सभी को दिशा मिलने के लिए प्रार्थना किजीए। दल में किसी को कविता के लिए बोलने कहिए। वाद्य जरुरी नही।

प्रार्थना

- १० मिनट
- प्रशिक्षार्थियों की जोडियाँ बनाईयें जिनके साथ वह पहले साथी न रहे हो। प्राशिक्षार्थी एक दुसरे के साथ इन दो प्रश्नो के उत्तर घर पर बात करे।

  १) कैसे हम उन लापता लोगों के लिए प्रार्थना करे जिन्हे हम बचाना चाहते है ?

  २) जिस दल को हम प्रशिक्षण दे रहे है उनके लिए कैसे प्रार्थना करे ? अमर प्रशिक्षार्थी ने अपना दल नही बनाया तो उसका साथी उसे इस काम में मदद करे ताकी वह अपने मित्रो और परिवार के सदस्यो की सूची बनाए जिन्हे वह सिखा सकता है। फिर प्रशिक्षार्थी के साथ सूची के लोगों के लिए प्रार्थना करे।

अध्ययन

येशु के अपनाने का प्रशिक्षण कार्यक्रम इन प्रक्रियाओ को इस्तमाल करता है प्रशंसा, प्रार्थना, अभ्यास, सराव। ये प्रक्रिया साधी पूजा पर आधारित है। जो पहले पन्ने ३ ३ पर समझाये गए है। इस कार्यक्रम के पहले दस पाठो के लिए अभ्यास सत्र नीचे बताया गया है।

- ३ ० मिनट
- हर 'अभ्यास" हा भाग समीक्षा से चालू होगा। यह समीक्षा ख्रिस्त के, आठ चित्र और यह पाठ क्या बताता है उसके बारे मे होगी। प्रशिक्षण के अंत में प्रशिक्षार्थी पूरा प्रशिक्षण याद करके बोल पाएगा। समीक्षा के बाद सिखाने वाला प्रशिक्षार्थी को यह अभी का पाठ सिखाए। देखे की वह ध्यानपूर्वक नजदीक से सूने क्योंकि बाद मे वे एक दूसरे को सिखा सके। जब सिखानेवाला पाठ प्रस्तुत करता है तो रह नीचे दिए बातों का उपयोग करे —

  १ सवाल पुछो,
  २ धर्मग्रंथ पढो,
  ३ सवालो के जबाब देने के लिए प्रशिक्षार्थियों को प्रोत्साहित करे।

यह प्रक्रिया भगवान के शब्दों को जीवन में अधिकार देता है न की शिक्षक को। हमेशा शिक्षक सवाल पूछते है, जवाब देते है फिर अपने जवाब के लिए धर्मग्रंथ का आधार लेते है। इस स्थिती में भगवान के शब्द के बजाए शिक्षक को अधिकार मिलता है।

- अगर प्रशिक्षार्थी ने गलत जवाब दिया तो उसे सही मत कीजिए। किसी का धर्मग्रंथ का भाग जोर से पढने के लिए कहिए और फिर से जवाब दिजिए। हर पाठ कविता से समाप्त होगा। सिखानेवाला और प्रशिक्षार्थी एक साथ खडे होकर कविता दस बार बोले। बोलने से पहले उसका संदर्भ (पता) पहले बताए। प्रशिक्षार्थी अपने बायबल या नोट्स का उपयोग पहले छे बार कर सकते है।
- अंत में चार बार पुरा दल यह कविता याद करके दिल से बोले। पुरा दल दस बार कविता बोले और बैठ जाए।

अभ्यास

- ३० मिनट
- पहलेही शिक्षको ने प्रशिक्षार्थियों को 'प्रार्थना" भाग के लिए अलग किया होगा। उनके प्रार्थना के साथी ही उनके अभ्यास के साथी होगे।
- हर पाठ का एक तरीका होगा की जोडी मे से नेता कौन रहेगा। नेता वही है जो पहले सिखाएगा। शिक्षक जोडी मे से नेता चुनने का तरीका घोषित करे। प्रशिक्षार्थियों का अनुकरण करके नेता अपने साथी को सिखाएगा। प्रशिक्षण के कालावधी मे समीक्षा और नया पाठ भी हो। और अंत में कविता याद करे। प्रशिक्षार्थी 'स्मृती कविता" बोलने के लिए खडे हो जाए। और खत्म होने पर बैठ जाए। इससे शिक्षक को पता चलेगा की कौनसे प्रशिक्षार्थी ने खत्म किया है।
- जब एक व्यक्ति का खत्म होगा तो दुसरा व्यक्ति यह क्रिया दोहराएगा। ऐसा करने से वे प्रशिक्षण का भी अभ्यास करेंगे। ये देखे की इस प्रक्रिया में जोडी कुछ भी छोडे ना या कोई छोटा रास्ता न ले।
- जब वे अभ्यास कर रहे हो तो कमरे के आसपास चक्कर लगाए और देखे की वे आपके बताए रास्ते पर चल रहे है। हाथ की मुद्रा करने में असफल होना यह बताता है कि वे आपका अनुकरण नही कर रहे है। बार-बार यह देखे की वे आपकी तरह कर रहे है।
- उन्हे नया साथी ढुंढना है और वापस अभ्यास करना है।

समाप्ती

- २० मिनिट.
- हर सत्र व्यवहारिक संबंध अभ्यास सक्रियता मे कथम होता है। एक्ट २९ मेप के ऊपर कार्य के लिए शिष्य को ज्यादा समय दे दो, दूसरो से विचार करने को जोश दे।
- जो भी जरुरी सूचना है वो करो फिर कोई एक जन के सत्र के लिए प्रार्थना कर और भगवान का आशीर्वाद माँग। प्रशिक्षण के अंत तक सब जन प्रार्थना बंद करने को एक मौका मिले।

व्यवस्था

इन दस सालो में से और हजारो लोगो को शिक्षण देने के बीच मे हम निम्नलिखित व्यवस्थाये खोज लिया है। हमारे अनुभव में विशेष सांस्कृतिक रुप नही है, हमारा व्यवस्थायें एशिया, अमेरीका और अफ्रीका में चलते है। (यूरोप मे अभी तक मालूम नहीं।)

- पाँच का अधिकार पांचवा नियम - शिष्यों को पाँच बार शिक्षण को अभ्यास करना चाहिए फिर विश्वास मिलेंगे प्रशिक्षण करने के लिए अभ्यास के लिए दूसरों को शिक्षण देते हुए सुनते है या खुद अभ्यास देते इसलिए अभ्यास का समय दो बार होते है। पहले विद्यार्थी अपने साथी के सात अभ्यास किया जाए फिर वापस अभ्यास करो दूसरे साथी के साथ।
- काम अच्छा है ज्यादा नहीं - शिक्षक एक काम गलत करते है, जब शिक्षण देते तो ज्ञान बहुत देते। ज्यादा प्रधर्शन से ध्यान ज्यादा होता है लेकिन प्रेकतिकल एप्लिकेशन काम करते है। हम शिष्य को हमेशा ज्ञान का ''बेकपेक"" देते ''क्रेट"" नहीं।
- अलग अलग विद्यार्थी अलग अलग शिक्षण पढते मिलते है। अभ्यास करने के लिए लोग तीन अलग स्तैल इस्तेमाल करते है। सुनने से, देखने से और कैनेसटेटिक तीनों स्तैल होने पर प्रशिक्षण बार बार इस्तेमाल कर सके। सब प्रशिक्षण जो है एक या दो स्तैल इस्तेमाल करते। लेकिन हमारा प्रशिक्षण जो है पुरा दल बदलने का लक्ष्य लिया। हमारा प्रशिक्षण तीनो स्तैल इस्तेमाल करते है
- व्यवहार और अन्तर्वस्तू बहुत महत्वपुर्ण है। बड़ो की पढाइ मे शोधक ने देखा कि जब हम लोगो को सिखाते है तब हमारा बदलने का तरीका आगे बढते लेकिन ज्ञान नहीं। स्कूल मे जो तरीका इस्तेमाल करते है जैसे 'लेक्चर फोर्मेट" अच्छा नहीं है। दु:ख की बात यह है कि विदेशी मे सब येही तरीका लेते। फोलो जिसस ट्रेनिंग में हम पुनरूव्पादनीय के ऊपर ध्यान देते - हमारा शिक्षण दूसरे को भी सिखा सकते।.
- समीक्षा, समीक्षा, समीक्षा - याद करने का दूसरा अर्थ है ''बाय हार्ट शिक्षण" लोगो को दिल बदलने ही हमारा प्रशिक्षण है इसीलिए हमारा लक्ष्य यह है

कि हमारे शिष्यों शिक्षण बहुत अच्छी तरह से बोल सकते। हर पाठ के पहले समीक्षा है जो शिष्यों को मदद करते है। समीक्षा भुलना मत करो। हमारे अनुभव में, दक्षिण एसिया में किसान, जिसके पास चावल का खेत है और तीसरी कक्षा तक पढ़ा, हमारा मेकिंग रेडिकल डियाइपल्स का पूरा अन्तर्वस्तु वापस कर सकते हाथ की गति इस्तेमाल करने से।

- अभ्यास बढाओ - जब हम शिक्षण देते है तब शिष्य का यादगार और हिम्मत बढ़ते है। इसका एकजेमपिल से हम पहले प्रश्न पूछते, धर्मग्रन्थ पढ़ते, उत्तर देते और हाथ का गति दिखाते। फिर हम दूसरा प्रश्न पढ़ते और वापस करते जो पहले किया। तीसरे प्रश्न पढ़ने के पहले हम प्रश्न का समीक्षण लेते, उत्तर और हाथ की गति प्रश्न एक और दो के लिए। फिर हम तीसरे प्रश्न लेते। पूरा अभ्यास फिर से ही करते, अभ्यास 'बढ़ते रहते" हर प्रश्न के साथ। इसी तरह से विद्यार्थियों को पूरा अभ्यास समझना और याद करने मे मदद मिलता है।
- शरल बनाओ - लोग वही करते जो उसके सामने दिखते। हमारे लिए प्रशिक्षण खाली पढ़ाने के लिए नहीं है बल्कि हमारा पूरा जिवन इस द्रव्य के पिछे है। शिष्य भगवान का काम देखते ही उत्पन्न हो जाते। प्रशिक्षण करना काम नहीं है, वो एक र्तौब्त है। जैसे ही चेले का अंक बढ़ गये वैसे ही चर्च प्लानतिंग चालू हो गया, लोगो के दल मे यही ढंग लिया।

सादा पूजो

सादा पूजा फोलो जिसस ट्रेनिंग का मुख्य अंग है, ये चेले बनाने का मुख्य कार्य है। ये महान कमांडमेंट में से लिया गया है। सादा पूजा हमको सिखाते कैसे भगवान को पूरे दिल से प्यार करे, अपनी आत्मा से, पूरे मन से और पूरे ताकत से।

हम भगवान मे पूरे दिल से प्यार करते है इसलिए उसकी प्रशंसा करते है। हम अपनी आत्मा से भगवान से प्यार करते है इसलिए हम उनकी प्रार्थना करते है। हम बाइबल पढ़ते है। अंत में हम भगवान को पूरी ताकत से चाहते है इसलिए हमने जो सिखा है जो दुसरों के साथ बाँट सकते है उसका अभ्यास करते है।

भगवान ने दक्षिण पूर्व आशिया के सभी छोटे दलों को आशिर्वाद दिया है जिन्होने साधी पूजा को कही भी घर मे, हॉटेल में, उद्यान में, यहाँ तक की पगोडा में भी होना खोज निकाला है।

सूची

- चार लोगों का दल साधी पूजा का वक्त पूरा करने के लिए २० मिनट ले सकते है।
- चर्चा सत्र के दौरान साधी पूजा दिन के शुरुआत में या दोपहर के खाने के बाद हमे शुरु करनी है।
- पहली बार साधी पूजा अपने दल को करके बताए, उन्हे हर भाग समझाने के लिए वक्त ले।
- साधी पूजा कैसे करनी है इसके लिए आप आदर्श रहने के बाद प्रशिक्षण के हर व्यक्ति को अपना साथी चूनने के लिए कहिए।

- सांधारणत: प्रशिक्षार्थी अपने मित्र को चुनते है। जब सबको साथी मिल जाए तो हर जोडी को दुसरे जोडी से जुडने के लिए कहिए ताकी चार का दल बने।
- दंल को अपने नाम के साथ आने के लिए कहिए इसके लिए उन्हे कुछ वक्त दिजीए। फिर कमरे के पास जाकर उन्हे उनके दल का नाम पुछिए।
- बांकी के प्रशिक्षण में उस दल को यही नाम से जानने की कोशिश किजीए? साप्ताहिक कार्यक्रम में हम पहले लोगों को साधी पूजा सिखाएँगे।
- अंत के दो सत्रो के दौरान हम वापस मिलेंगे और अभ्यास करेंगे।

प्रक्रिया

- दल को चार में विभाजिए। हर व्यक्ति साधी पूजा का अलग भाग लेगा।
- हर वक्त तुम साधी पूजा का अभ्यास करोगे। प्रशिक्षार्थी साधी पूजा के हर भाग का नेतृत्व बारी-बारी करेगा। इससे प्रशिक्षण वक्त के अंत में उन्होने हर भाग कम से कम दो बार किया होगा।

प्रशंसा-

- एक व्यक्ति कविता के दो पद्य गाने के लिए नेतृत्व करेगा। वाद्य की जरुरत नही। प्रशिक्षण सत्र के दौरान प्रशिक्षार्थीयों को अपनी कुर्सिया ऐसे रखने बोलो जैसे तुम कॉफी टेबलपर साथ में बैठे हो। हर दर अलग-अलग गाने गाएगा जो अच्छे होंगे। दल को बताईये की ये भगवान की प्रशंसा पूरे दिल से करने का वक्त है, ना की ये देखने का की कौनसा दल ज्यादा जोर से गा रहा है। प्रार्थना: दुसरा व्यक्ति प्रार्थना वक्त का नेतृत्व करे (अलग जो प्रशंसा वक्त में या) प्रार्थना नेता दल के हर सदस्य को प्रार्थना विनंती पुछेगा और उसे लिख लेगा। प्रार्थना नेता तब तक प्रार्थना करेगा जबतक वो दल से वापस न मिले। जब हर सदस्य अपनी प्रार्थना विनंती बता देगा तब प्रार्थना नेता अपने दल के लिए प्रार्थना करेगा।

अध्ययन:

- दल से एक दुसरा सदस्य अध्ययन वक्त का नेतृत्व करेगा।
- अध्ययन नेता बायबल की कहानियाँ अपने शब्दो मे कहेंगे।
- हम गॉसपल की कहानी सुझाएँगे। कम से कम शुरुवात मे कहने के लिए।
- ये दल पर आधारित है, की तुम अध्ययन नेता को बायबल की कहानियाँ पढ़कर उन्हे अपने शब्दो मे कहने के लिए कहे।
- नेता बायबल की कहानियाँ पढ़ने के बाद अपने दल को तीन प्रश्न पूछे:

  १) यह कहानी हमे भगवान के बारे में क्या सिखाती है?
  २) यह कहानी हमे लोगों के बारे में क्या सिखाती है?
  ३) मैंने इस कहानी से क्या सिखा जो मुझे येशु को अपनाने में मदद करता है?

- दल हर प्रश्न की साथ में चर्चा करे, तब तक जब अध्ययन नेता ये न सोच की चर्चा कमजोर पड रही है। तभी नेता दुसरे प्रश्न पर जाएगा।

अभ्यास

- चांर के दल में से दुसरा व्यक्ती अभ्यास वक्त का नेतृत्व करे।
- अभ्यास नेता दल को वापस पाठ की समीक्षा करने मे मदद करे।
- ये देख ले की सबको यह पाठ मसझ आया है और वे दुसरों को सिखा सकते है।
- अभ्यास नेता बायबल की वही कहानियाँ बताए जो अध्ययन नेता ने बताई थी।
- अभ्यास नेता वही एक जैसे सवाल पुछे जो अध्ययन नेता ने पूछे थे और दल हर सवाल पर वापस चर्चा करे।
- अंत साधी पूजा का दल पूजा के वक्त की समाप्ती दूसरा प्रशंसा गीत गाकर या भगवान की प्रार्थना साथ में बोलके कर सकते है।

याद रखने के लिए मुख्य

- साधी पूजा में चार का दल अच्छा काम करता है। अगर तुम्हें पाँच का दल बनाना है तो एक ही बनाए। तो तीन लोगो के दल बनाने से एक छः लोगों का दल बनाना अच्छा है।
- साधी पूजा में पुर्ननिर्माण की मुख्य चाबी है हर व्यक्ती बारी-बारी इन चारो भागो मे से एक भाग का अभ्यास करे: प्रशंसा, प्रार्थना, अध्ययन, अभ्यास, चार का दल लोगों को बडे दल की तरह धमकाए नही तो उन्हे नया सिखने में आधार दे। दल को अपने दील की भाषा में पूजा करने के लिए प्रोत्साहित करे।
- अगर दल में कोई गायक नहीं है तो उन्हें यह कहकर सूचित करे की वे ईत्स एक साथ जोर से पढे। ये देख ले की तुम अभ्यास व्यक्ति को बहुत समय दे की अपने दल को अभ्यास सत्र मे ले जाए। अभ्यास वक्त मे उत्तरदायीता होना साधी पूजा के दल का पुर्ननिर्माण लाता है। अभ्यास सत्र के शिवाय वक्त बायबल अध्ययन दल मे बदल जाता है। यही है जो आप सचमुच चाहते है।
- जैसे के आपने देखा है साधी पूजा की प्रक्रीया 'येशू को अपनाने के प्रशिक्षण कार्यक्रम के दस सत्रों में इस्तेमाल की गई है। प्रशंसा, प्रार्थना अध्ययन और अभ्यास। बड़ा फरक अध्ययन क्षेत्र के भाग में है।
- 'येशु को अपनाना प्रशिक्षण" कार्यक्रम के अंत में प्रशिक्षार्थीयोंका साधी पूजा कार्यक्रम का अभ्यास कई होता है। हमारी प्रार्थना यही है वे दल का नेतृत्व करे और दूसरों को साधी पूजा साथ मे करने के लिए प्रशिक्षित करे।

भाग-२

प्रशिक्षण

१

स्वागत

स्वागत प्रशिक्षण सत्र की शुरुवात शिक्षक और प्रशिक्षार्थियों के परिचय से होती है। शिक्षक प्रशिक्षार्थियों को येशू के आठ चित्रों से परिचित कराते है, सैनिक, खोजनेवाला. चरवाहा, बीज बानेवाला, बेटा, पवित्र, सेवा करनेवाला गृहप्रबंधक हाथ की मुद्राए के साथ क्योंकि लोग सुनकर, देखकर और कर कर सिखते है। येशु को अपनाना प्रशिक्षण, हर सत्र के हर सिखने के तरीके को समझाता है।

बायबल कहता है पवित्र आत्मा हमारे शिक्षक है। प्रशिक्षार्थियों को प्रोत्साहित करे की वे इस प्रशिक्षण में आत्मा पर अवलंबित रहे। सत्र का अंत एक चाय की दुकान शुरु करके होगा क्योंकि ज्यादा आरामदायी वातावरण शिक्षक और प्रशिक्षार्थियों के बीच हो। एक बैठक की तरह जिसे शिष्य येशु के साथ आनंद ले।

प्रशंसा

- किसी को भगवान के आशीर्वाद और होने के लिए प्रार्थना करने कहे।
- दो कविता के पद साथ मे बोले।

शुरुवात

प्रशिक्षार्थियों का परिचय

पहले सत्र के शुरुआत में शिक्षक और प्रशिक्षार्थी एक गोल बनाए। अगर टेबल रखे है तो वह पहले हटा दे।

- शिक्षको का आदर्श कैसे प्रशिक्षार्थियों को खुद से परिचय कराता है।
- सिखानेवाला और प्रशिक्षार्थी एकदूसरे का परिचय कराए। वे दुसरे व्यक्तियों का नाम उनके परिवार की जानकारी बताए। और कैसे इस महिने के दौरान भगवान ने उन्हे आशीर्वाद दिया ये बताए।

प्रशिक्षार्थी का परिचय

- प्रशिक्षार्थियों को जोडीयों में विभाजीए।
  उन्हे बताईये की वे एक दूसरे का उसी तरह परिचय कराईये जैसे मैने और मेरे प्रशिक्षार्थी ने किया था।

- वे अपने साथी का नाम उनके परिवार की जानकारी, जातीयसमूह का दल और एक तरीका की कैसे उन्हे पहले महिने में भगवान ने आशीर्राद दिया था। इससे उन्हे अपने नोट्स में जानकारी लिखने मे मदद होगी ताकी वे ना भूले।

- पाच मिनट बाद प्रशिक्षार्थी जोडी को खुद का और दूसरे पांच साथियों से परिचय कराने के लिए कहिये जैसे उन्होने अपने साथी से किया था।

येशु का परिचय कराना

हमने खुद का तुमसे परिचय करवाया और तुमने तुम्हारा एक दूसरे के साथ परिचय करवाया। अभी हमे तुम्हे येशू से परिचित कराना है। बायबल मे येशु के कई सारे चित्र है पर हम उन आठ चित्रो पर ज्यादा ध्यान देंगे।

येशु के बायबल के आठ चित्र

- फलक पर एक गोल बनाईये और येशु के आठ चित्र की सूची बनाए। प्रशिक्षार्थी उन्हे क्रम में कई बार दोहराए - ताकी वे याद करके भी आसानी से बोल सके।

येशु सैनिक है, खोजनेवाले, चरवाहा, बीज बोनेवाला, बेटा, पवित्र, आत्मा, गृहप्रबंधक सेवा करनेवाले है।

✋ **सैनिक**
शब्दो को बढ़ाता है,

✋ **खोजनेवाला**
आँखो पर हाथ रख कर आगे पीछे देखता है,

✋ **चरवाहा**
अपने हाथ शरीर की तरफ बढाता है जैसे वो लोगों को इकट्ठा कर रहा हो,

✋ **बीज बोने वाला**
हाथो से बीज बोता है।

✋ **बेटा**
अपने हाथ मुँह की तरफ बढाता है जैसे वो खा रहा हो.

✋ **पवित्र व्यक्ती**
अपना हाथ क्लासिक 'प्रार्थना हाथ" की स्थिती मे रखता है।

येशु वही पवित्र है जिन्हे हम संत बुलाते है।

☝ सेवक

हथौडा हीलाते है।

☝ गृहप्रबंधक

कमिज के खिसे या पर्स से पैसे लेता है।

यह चित्र हजारो शब्द कहते है। यही बायबल के चित्र आपको येशु के साथ चलने के लिए अंतदृष्टि देगा। ये चित्र हमे स्पष्ट दृष्टि और क्षमता देता है जिससे हम जान सके की येशु और कैसे काम करते है।

पिता समाचार पत्र पढ रहे है और उनका छोटा बेटा खेलने के लिए उनके इस काम मे बाधा डाल रहा है। कई बार बाधा डालने के बाद पिता समाचार पत्र के एक पन्ने को काटकर उसका पझल बनाते है। वे अपने बेटे से कहते है की तुम इस टुकडों को सही क्रम से एक साथ पट्टी से जोड दो फिर वे उसके साथ खेलेंगे।

पिता मानते है की बेटा इसके लिए बहुत वक्त लेगा और उन्हे बाकी का समाचार पत्र पढने के लिए वक्त मिलेगा। इसके बजाय बेटा १० मिनट मे वो पझल पूरा करके लौटा। जब पूछा की तुमने ये जल्दी कैसे किया बेटे ने जवाब दिया ये आसान था। इसके पीछे चित्र थे जब मैने उनचित्रों को साथ में किया उसके पीछे के सारे शब्द भी साथ में आए।

बायबल के आठ चित्र भी तुम्हे स्पष्ट दृष्टी देगा जैसे तुम येशु के साथ चलते हो।

किसी को अपनाने का मतलब है वह व्यक्ती जो करता है उसे उसी की तरह करना। प्रशिक्षार्थी अपने शिक्षक का सिखने के लिए अनुकरण करता है। विदयार्थी अपने शिक्षक की तरह बनते है। हम किसी न किसी के जैसा करते है। जिसकी तरह हम करते है हम उसके जैसा बनते है। हमारे प्रशिक्षण के वक्त हम सवाल पूछते है जवाब बायबल में देखते है। येशु किस तरह चलते है ये ढुंडो और उन्हे अपनाने का अभ्यास करो।

कौनसे तीन तरीके है अच्छा सिखने के लिए?

तीन तरीके है जिससे लोग सिख सकते है सभी तीनो तरीके इस्तेमाल करते है पर हम में से हर एक एक तरीके से अच्छा सिखता है। इस प्रशिक्षण में हम लोगों को सिखाने के लिए तीनो तरीके अपनाएँगे ताकी तुम हर व्यक्ती अपने खुद के ज्ञान शैली से मालक बन जाओ।

कुछ लोग अच्छा ज्ञान सुनने से पाते है। उसके लिए हम धर्मग्रंथ जोर से पढ़ते है और सवाल जोर से पूछते है।

🖐 सुनना:
तुम्हारे हाथ तुम्हारे कानो पर रखो।

देखना:

कुछ लोग अच्छा ज्ञान देखने से पाते है। उसके लिए हम सच दिखाने के लिए नाटक और चित्रों का उपयोग करेंगे। देखने तुम्हारे आँखो को निर्देशित करता है। कुछ लोग करने से अच्छा ज्ञान पाते है इसके लिए हमारे हाथ हमे मदद करेंगे ताकी हम वो कर सके जिसके बारे मे हम बोलते है और अभ्यास करते है।

✋ करना:
आपके हाथों को घुमाने की तरह किजीए ।

सुनना, देखना, करना हमारे तीन शिक्षक हमारे पास है। बायबल हमे यही बताता है की पवित्र आत्मा वही है जो हमारा शिक्षक है।

इस पूरे प्रशिक्षण में मै तुम्हे कहता हूँ की नए पाठ के ज्ञान के लिए पवित्र आत्मा पर निर्भर रहे क्योंकि वे ही है जो तुम्हे सिखा सकते है।

समाप्ती

चाय की दुकान खुली है। ༄

कौनसी जगह है जहा तुम खूब आनंद. मजा लेते हो: पाठशाला की कक्षा या मित्रों के साथ चाय।कॉफी की दुकान ?

हमे बहुतसी अच्छी चीजो का ज्ञान कक्षा में मिलता है। हम हमारे शिक्षकों का आदर करते है। वही हमे हमारे मित्र, परिवार, गाँव के बारे में ज्यादा ज्ञान चाय की दुकान पर मिलता है। ये सच है जब येशु इस धरती पर भी चलते है।

लूक ७: ३१-३५ सो मैं इस युग के लोगों की उपमा किस से दूं कि वे किस के समान हैं? वे उन बालकों के समान हैं जो बाजार में बैठे हुए एक दूसरे से पुकारकर कहते हैं, कि हम ने तुम्हारे लिये बांसली बजाई, और तुम न नाचे, हम ने विलाप किया, और तुम न रोए। क्योंकि यूहन्ना बपतिस्मा देने वाला न रोटी खाता आया, न दाखरस पीता आया, और तुम कहते हो, उस में दुष्टात्मा है। मनुष्य का पुत्र खाता-पीता आया है;

और तुम कहते हो, देखो, पेटू और पियक्कड़ मनुष्य, चुंगी लेने वालों का और पापियों का मित्र। पर ज्ञान अपनी सब सन्तानों से सच्चा ठहराया गया है।

हम ज्यादा आराम चाय की दूकान पर महसूस करते है। अगर येशू आज भी धरती पर चलेंगे तो वे अपना समय चाय/कॉफी के दुकान में बिताएँगे। वे अपना तरीका अपनाएँगे जैसे उन्होने पहले किया था। इसके लिए हम ये प्रशिक्षण केंद्र का कमरा चाय की दुकान में बदलते है।

इसके लिए प्रशिक्षार्थियों को चाय/कॉफी और हल्का खाने के लिए दिया जाए। इस चाय की दूकान खोलने का हेतू है की लोग आरामदायक महसूस करे। या फिर दुसरे शब्दो में ये दल की रचना वैसी ही जैसी येशु अपने शिष्यों को प्रशिक्षित करते है।

२

बहुगुणि

बहुगुणी येशु को एक गृह प्रबंधक की तरह परिचित करते है। गृह प्रबंधक अपने वक्त और खजाने से कुछ अच्छा वापस पाना चाहता है। पूरी से रहना चाहते है। प्रशिक्षार्थी फलदायी दृष्टी का लाक ये खोजने से ले सकते है

१) येशू का मनुष्यता के लिए पहला आदेश,
२) येशु का मनुष्यता के लिए आखरी आदेश
३) २२२ तत्व
४) गॅलिली समुद्र और मौत के समुद्र का अंतर।

इस पाठ का अंत एक ज्ञान देने वाले नाटक से होगा जो हमे औ फल का अंतर बताता है, दुसरों को प्रशिक्षित करना और उन्हे अच्छी तरह सिखाना। प्रशिक्षार्थियों को चुनौती दे की वे कैसे लोगों को प्रशंसा, प्रार्थना, भगवान के शब्दो का अध्ययन करे और दुसरो को बताए इस वक्त, खजाना और ईमानदारी की पूंजी से प्रशिक्षार्थी येशु को अनोखा उपहार दे सकते है जब वे उन्हे स्वर्ग में देखे।

प्रशंसा:

- किसी को भगवान के आशीर्वाद और मौजूदगी के लिए प्रार्थना करने को कहे।
- कविता के दो पद साथ मे गाए।

प्रार्थना:

- प्रशिक्षार्थियों को जोडी मे करे जिनके साथ वह पहले साथी न रहे हो।
- हर प्रशिक्षार्थी अपने साथी के साथ इन सवालों के जबाब को बाँटे।

   मै कैसे तुम्हारे लिए आज प्रार्थना करू ?

- साथी एक साथ मिलकर प्रार्थना करे

अध्ययन:

समीक्षा:

हर समीक्षा सत्र एक जैसा होगा। प्रशिक्षार्थी को खडे होकर पहले के सिखे हुए पाठ याद करने के लिए कहे। यह देख लेना की वे हाथ की मुद्राएँ भी कर रहे है।

कौन से आठ चित्र है जो हमे येशु को अपनाने मे मदद करते है ?
सैनिक, माँगनेवाला, चरवाहा, बीज बोनेवाला, बेटा, संत, सेवा करनेवाला गृह प्रबंधक।

हमारा धार्मिक जीवन गुब्बारे की तरह है। ☙

- गुब्बारा ले लो दल को दिखाओ और समझाओ, ''की हमारा धार्मिक जीवन गुब्बारे की तरह है।"" जैसे तुम गुब्बारा फुलाओगे समझाईये की हम भगवान से आशीर्वाद पाते है। गुब्बारे से हवा जाने दो और कहो भगवान हमे देते है इसलिए हम दुसरों के देते है।
- हमे आशीर्वाद दिया है दुसरों को आशीर्वाद देने के लिए धार्मिक जीवन के स्वभाव की तरह जाने और आने की क्रिया कई बार करेक दिखाईये। हम में कई लोग जो हमे मिला है वो देते नही है खुद के लिए ही रखते है। शायद हम सोचते है कि अगर हमने दिया तो भगवान हमे वापस नही भर देंगे। हम सोचते है कि देना कठिन है। गुब्बारा लगातार भरते रहिए लेकिन समय से थोडी हवा बाहर जाने दे क्योंकि तुम खुद को दोषी मानते है। भगवान ने तुम्हे बहुत कुछ दिया है पर तुम ज्यादा दुसरों को देते नाही।
- अंत में गुब्बारे को इतना फुलाओ की वो फूट जाए। हमारा धार्मिक जीवन भी ऐसे ही है। जब कोई हमे पाठ सिखाता है तब हम वही ज्ञान जो हमने सिखा है दुसरों को सिखाना चाहिए। जब हम ऐसा नहीं करते तो हमारे धार्मिक जीवन में बड़ा संकट आता है? जो हमे मिला है वो दुसरों को ना देना ये हमारे धार्मिक जीवन के रास्ते की हार है।

येशु कैसे है?

मॅथ्यु ६:२०-२१- परन्तु अपने लिए स्वर्ग में धन इकटठा करो, जहां न तो कीडा, और न कोई बिगाडते है; और जहां चोर ने सेंध लगाते और न चुराते है। क्योंकि जहां तेरा धन है वहा तेरा मन भी लगा रहेगा।

येशु गृह प्रबंधक है वे हमही में रहते है। जब हम उन्हे अपनाते है हम भी गृहप्रबंधक है हम हमारा वक्त और खजाना सोच समझकर खर्च करेंगे और ईमानदारी से रहेंगे।

☞ गृहप्रबंधक

कोनसी तीन ाचिज है जो गृहप्रबंधक पसंद करते ?

मॅथ्यु २५:१४-२८ क्योंकि यह उस मनुष्य की सी दशा है जिस ने परदेश को जाते समय अपने दासों को बुलाकर, अपनी संपत्ति उन को सौंप दी। उस ने एक को पांच तोड़, दूसरे को दो, और तीसरेको एक; अर्थात हर एक को उस की सामर्थ के अनुसार दिया, और तब पर देश चला गया। तब जिस को पांच तोड़े मिले थे, उस ने तुरन्त जाकर उन से लेन देन किया, और पांच तोड़े और कमाए। इसी रीति से जिस को दो मिले थे, उस ने भी दो और कमाए। परन्तु जिस को एक मिला था, उस ने जाकर मिट्‌टी खोदी, और अपने स्वामी के रुपये छिपा दिए। बहुत दिनों के बाद उन दासों का स्वामी आकर उन से लेखा लेने लगा। जिस को पांच तोड़े मिले थे, उस ने पांच तोड़े और लाकर कहा; हे स्वामी, तू ने मुझे पांच तोड़े सौंपे थे, देख मैं ने पांच तोड़े और कमाए हैं। उसके स्वामी ने उससे कहा, धन्य हे अच्छे और विश्वासयोग्य दास, तू थोडे में विश्वासयोग्य रहा; मैं तुझे बहुत वस्तुओं का अधिकारी बनाऊंगा अपने स्वामी के आनन्द में सम्भागी हो। और जिस को दो तोड़े मिले थे, उस ने भी आकर कहा, हे स्वामी तू ने मुझे दो तोड़े सौंपे थे, देख, मैं ने दो तोड़े और कमाएं। उसके स्वामी ने उस से कहा, धन्य हे अच्छे और विश्वासयोग्य दास, तू थोड़े में विश्वासयोग्य रहा, मैं तुझे बहुत वस्तुओं का अधिकारी बनाऊंगा अपने स्वामी के आनन्द में सम्भागी हो। तब जिस को एक तोड़ा मिला था, उस ने आकर कहा, हे स्वामी, मैं तुझे जानता था, कि तू कठोर मनुष्य है, और जहां नहीं छीटता वहां से बटोरता है। सो मैं डर गया और जाकर तेरा तोड़ा मिट्‌टी में छिपा दिया, देख, जो तेरा

है, वह यह है। उसके स्वामी ने उसे उत्तर दिया कि हे दुष्ट और आलसी दास, जब यह तू जानता था, कि जहां मैं ने नहीं बोया वहां से काटता हूं, और जहां मैं ने नहीं छीटा वहां से बटोरता हूं। तो तुझे चाहिए था, कि मेरा रुपया सर्राफों को दे देता, तब मैं आकर अपना धन ब्याज समेत ले लेता। इसलिये वह तोड़ा उस से ले लो, और जिस के पास दस तोड़े हैं, उस को दे दो।

(१) गृहप्रबंधक अपना खजाना सोच समझकर लगाते है। येशु हमे तीन नौकरी कहानी बताते है जिन्हे अपने मालिक के पैसे बचाने/लगाने के लिए मुख्य बनाया गया है। दो अपने मालिक का पैसा सोचकर लगाते/बचाते है।
(२) गृहप्रबंधक अपना वक्त सोचसमझकर लगाता है। येशु चाहते है की हम उनका राज्य अपने कार्या में पहला रखे।
(३) गृहप्रबंधक ईमानदारी से रहता है। जैसे ही येशु हमारी छोटी छोटी चीजो मे ईमानदारी देखते है वे हम पे ज्यादा भरोसा करते है।

भगवान का मनुष्य के लिए पहला आदेश क्या है ?

उत्पत्ति १:२८ और परमेश्वर ने उनको आशीष दी: और उन से कहा, फूलो-फलो, और पृथ्वी में भर जाओ, और उसको अपके वश में कर लो; और समुद्र की मछलियों, तया आकाश के पझियों, और पृथ्वी पर रेंगनेवाले सब जन्तुओं पर अधिक्कारने रखो।

मारकुस १६:१५- तब येशु ने उन से कहा, ''संसार के कोने-कोने में जाओ और प्रत्येक प्राणी को शुभ समाचार सुनाओ।

भगवान ने लोगो से बहुगुणी होने को कहा।

येशु का मनुष्य के लिए आखरी आदेश क्या है ?

उन्होने लोगों से कहा सारे जग में जाओ और कलाओं को अच्छी बाते सिखाओ।

उत्पत्ति १:२८ और परमेश्वर ने उनको आशीष दी: और उन से कहा, फूलो-फलो, और पृथ्वी में भर जाओ, और उसको अपके वश में कर लो; और समुद्र की मछलियों, तया आकाश के पझियों, और पृथ्वी पर रेंगनेवाले सब जन्तुओं पर अधिक्कारने रखो।

येशु ने अपने शिष्यो से कहा बहुगुणी बनो और धार्मिक बच्चे बनाओ।

मै कैसे बहुगुणी और फलदायी बन सकता हूँ ?

२ तीमुथियुस २:२ और जो बातें तू ने बहुत गवाहों के साम्हने मुझ से सुनी हैं, उन्हें विश्वासी मनुष्यों को सौंप दे; जो औरों को भी सिखाने के योग्य हों।

जब हम दुसरों को प्रशिक्षित करते है जैसे हमने किया था तब भगवान हमारा जीवन बहुगुणी बनाते है। इसे हम २२२ तत्त्व कहते है। येशु खुद को पॉल के साथ व्यक्त करते है। पॉल ने तिमोथी को प्रशिक्षित किया। तिमोथी उन विश्वासू लोगों को प्रशिक्षित किया जिन्होने दुसरों को भी किया। और ऐसा इतिहास चलता ही रहा.... जब तक एक दिन किसी ने तुम्हारे साथ येशु के बारे मे बात न की।

गॅलेली का समुद्र/मौत का समुद्र। अगले पन्ने पर चित्र बनाईये। कदम-से-कदम जैसे तुम अपने हर भाग मे स्पष्टीकरण करना सिखाते हो। ये चित्र पूरा करो। इस्त्राईल देश में दो समुद्र है। तुम्हे उनके नाम मालूम है ?

गॅलेली समुद्र और मौत का समुद्र ❦

चित्र

दो गोल बनाईये। छोटा वाला ऊपर बनाईये। एक रेखा से उन्हे जोडे। ऊपरवाले छोटे गोल से उपरी दिशा मे एक रेखा बनाईये। दोनो समुद्र को नाम दो।

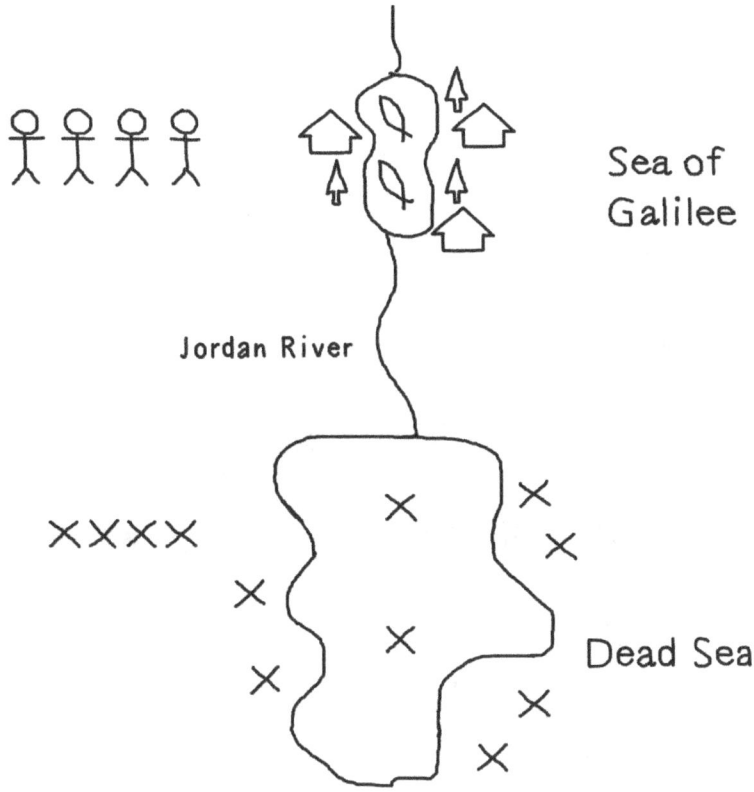

- एक नदी जो गॅलेली समुद्र और मौत समुद्र को जोडती है।

  क्या तुम्हे उसका नाम मालून है ?

  (जॉरडन नदी)

- नदी को नाम दो।

  गॅलेली समुद्र और मौत समुद्र दोनो अलग है।

- गॅलेली समुद्र में बहुत सारी मछलियाँ है।

  गॅलेली समुद्र मे मछलियाँ निकालो।

- मौत समुद्र मे मछलियाँ नही है।

  मौत समुद्र में बनाईये।

- गॅलेली समुद्र के आजूबाजू में बहुतसारे पेड है।

  उस समुद्र के बाजू में पेड बनाईये। मौत समुद्र के बाजू में पेड नही है।

- मौत समुद्र के बाजू में बनाईये।

  उसके बाजू मे घर बनाईये।

- उसके बाजू मे घर बनाईये।

  मौज समुद्र के आसपास बनाईये।

- चार प्रसिद्ध लोग गॅलेली समुद्र के यहाँ रहते है।

  क्या तुम्हे उनके नाम मालूम है?

  (पीटर, अॅन्डरु, जेम्स आणि जॉन)

- गॅलेली समुद्र के बाजू में चार काठी के चित्र बनाईये।

  मौत के समुद्र के पास कोई प्रसिद्ध व्यक्ती नहीं रहते।

  मौत समुद्र के बाजू मे चार ` बनाईये। तुम ऐसा क्यों सोचते हो की मौत समुद्र याने 'मौत" और गॅलेली समुद्र 'जीवन" है?

क्योंकि गॅलेली समुद्र में पानी आता और आता है तो मौत के समुद्र में पानी अंदर ही बहता है।

यदि हमारे धार्मिक जीवन का चित्र है। जब हमे आशीर्वाद मिलता है हमे उसे देना चाहिए। जब हम कुछ सीख मिलती है हमे उसे दुसरों को सिखाना चाहिए। फिर हमे गॅलेली समुद्र अच्छा लगेगा। अगर हम सिर्फ हमारे लिए रखेंगे हम मौत के समुद्र की तरह है।

कौनसा समुद्र जैसा होना ज्यादा आसान है?

मौत का समुद्र या गॅलेली समुद्र?

ज्यादा लोग मौत के समुद्र की तरह है क्योंकि वे ज्यादा लेते है देने के बजाय।

उसके बजाय जो येशु को अपनाते है वे गॅलेली समुद्र की तरह है। येशु दुसरों को देते है जो उन्हे अपने पिता से मिला है। जब हम दुसरों को प्रशिक्षित करते है और दुसरों को सिखाने के लिए तब हम येशु का उदाहरण अपनाते है।

कौनसे समुद्र जैसा आप बनना चाहते है? मुझे गॅलेली समुद्र जैसा बनना है।

स्मृती कविता।

योहन १५:८ मेरे पिता की महिमा इसी से होती है, कि तुम बहुत सा फल लाओ, तब ही तुम मेरे चेले ठहरोगे।

- सब साथ मे खडे रहे और स्मृती कविता साथ मे दस बार बोले। प्रथम छ: बार प्रशिक्षार्थी अपने बायबल का उपयोग कर सकते है। आखिरी चार बार उन्हे कविता याद करके बोलनी है। प्रशिक्षार्थी हर बार कविता बोलने से पहले उसका संबंध बताए और कविता बोले खत्म होने के बाद बैठ जाए।
- इस प्रक्रिया को अपनाने से शिक्षक को यह जानने मे मदद होगी की कौनसे दल ने यह पाठ अभ्यास सत्र में पूरा किया है।

अभ्यास

- प्रशिक्षार्थी को इस सत्र के लिए अपने प्रार्थना साथी के सामने बैठने के लिए कहिए साथी बारी-बारी एक दुसरे को पाठ सिखाएँगे।
- जोडी में से छोटा व्यक्ती नेता रहेगा। इसका सरल अर्थ है वो पहले सिखाएगा। प्रशिक्षण प्रशिक्षार्थी कार्यक्रम पन्ना- २१ को अपनाए।
- ये देख ले की तुम्हे उनको सबकुछ अभ्यास सत्र के दौरान ही सिखाना है जिस तरह तुमने किया था।
- सवाल पुछो, धर्मग्रंथ साथ में पढो और सवालों के जवाब दो जैसे मैने तुम्हारे साथ किया था। गॅलेली समुद्र। मौत का समुद्र के स्पष्ट चित्र निकालो और

स्मृति कविता से ही कहे जैसे मैने तुम्हारे साथ किया था। हर व्यक्ती हर बार ये दो समुद्र के स्पष्टीकरण चित्र निकालने के लिए कोरा कागज ले ले। हर पाठ सिखाने के बाद प्रशिक्षार्थी को कहिए की साथी को बदलकर वापस पाठ पढाए।

- खत्म होने पर प्रशिक्षार्थी सोचे की ऐसा कौन है जिसके साथ इस प्रशिक्षण के बाद इस पर चर्चा कर सके। इस पाठ के पहले पन्ने पर ऊपर उस व्यक्ती का नाम लिखे।

समाप्ती

येशु के लिए उपहार:

- किसी को नाटक के लिए मदद करने के लिए स्वयंसेवक बनाए।
- स्वयंसेवक को कमरे के एक बाजू मे रखे और दूसरे बाजू में आप रहे। मुझे चाहिए की सब यह कल्पना करे की हम (स्वयंसेवक और मै) दोनो में एक जैसी धार्मिक परिपक्वता है। हम दोनो।

प्रशंसा:

भगवान की प्रशंसा करने के लिए हाथ उठाए।

प्रार्थना:

हाथ क्लासिक मुद्रा मे रखे।

अभ्यास:

बायबल का अभ्यास करे आपके हाथ ऊपर उठाए जैसे आप किताब पढ़ रहे है।

दुसरों को येशु के बारे में बताईये।

हाथ बाहर रखिए जैसे की आप बीज बिखेर रहे हो।

- देख ले की तुम अध्यात्मिक से एक जैसे हो, सिर्फ एक अंतर है। हम दोनो मे एक फरक है की तुम दुसरों को येशु को जितने के लिए सिखाते हो मै सिर्फ लोगों को येशु की तरफ करता हूँ मै उनको दुसरो को सिखाने के लिए प्रशिक्षित नही करता। अब मुझे तुम्हे वो फरक दिखाना है जो प्रशिक्षण करता है। समझाइये की तुम और स्वयंसेवक हर साल येशु के लिए एक व्यक्ती तक पहुँचते है। दोनो तुम और स्वयंसेवक दर्शको मे जाकर एक व्यक्ती को ले आओ और तुम्हारे साथ तुम्हारे जगह खडा करो।
- एक साल बाद तुम देखोगे की वहाँ कोई भी फरक नही है। यहाँ मेरे पास एक व्यक्ती है और उसके पास एक व्यक्ती वहा है। सिर्फ स्वयंसेवक व्यक्ती को येशु की तरफ प्रशिक्षित करेगा।
- इस बार हाथ की मुद्राए एक जैसी करे दोनो एक साथ हाथ की मुद्राए करने का अभ्यास करे। तुम हाथ की मुद्राएँ खुद से करे। अब देखे की दुसरे साल मे क्या होता है? दोनो वो और मै येशु के लिए किसी को जितेंगे। सिर्फ एक अंतर है की वो अपने लोगों को यही सब करने के लिए प्रशिक्षित करता है। इसलिए इस साल मै अपना एक व्यक्ती लुँगा लेकिन दोनो दुसरे दल व्यक्ती ले सकते है।
- दोनो, तुम और स्वयंसेवक दर्शको मे जाकर अगला शिष्य चुनेंगे। फिर प्रशिक्षार्थी के शिष्य को भी एक शिष्य मिलेगा। तुम फिर दो साल के बाद देकोगे की वहाँ अभी भी थोडा फरक है। मेरे पास दो लोग है, उसके पास तीन है। वापस स्वयंसेवक और उसके साथ तीन लोग हाथ की मुद्राओं का अभ्यास करे। लेकीन तुम्हारे दल के तुम अकेले व्यक्ती हो जिसने हाथ की मुद्राए की है। यह प्रक्रिया कई 'हाल" कर जब तक प्रशिक्षण के सारे लोग चुने नही जाते। हर बार तुम क्रिया अकेले करो और दुसरों को कहो वे भगवान के सब्दों की प्रशंसा, प्रार्थना और अध्ययन करे।
- अच्छी बाते बताए लेकिन दुसरों को करने के लिए न कहे। कई जगह तुम्हे ज्यादा लोग नही मिलेंगे।

- उस वक्त लोगों को कहिए की अगर उन्हे दुसरा शिष्य नही मिला तो दोनो हाथ उठाकर दिखाइये की वे दो लोग है।
- पाँच वर्षो तक जितने लोगों को तुमने सिखाया है उसकी तुलना में स्वयंसेवक ने जितने लोगों को प्रशिक्षित किया है उनकी संख्या प्रशिक्षार्थी पर प्रभाव डालेगी। बार बार देखे की आप अपने शिष्य से प्यार करे और चाहे की वे बलवान हो इसलिए उन्हे सब कुछ सिखाए लेकिन उन्हे दुसरोंको सिखाने के लिए प्रशिक्षित न करे। जब तुम्हे स्वर्ग मिलेगा तुम किस तरह का उपहार येशु को देना चाहोगे जो तुम्हारे लिए क्रॉस पर मरते है?
- सिर्फ मुट्ठी भर लोग जो मेरे पास है या बहुत सारे शिष्य उसके जैसे।

कमरे के दुसरी तरफ के स्वयंसेवक की तरफ निर्देश करे -

- भगवान ने हमे आदेश दिया है की बहुगुणी और फलदायी हो। मुझे येशु की तरह बनना है। दुसरों को प्रशिक्षित करना जो दुसरों को सिखाते है। मुझे येशु को बहुत सारे लोगों का बडा उपहार देना है जिन्हे मैंने प्रशिक्षित किया है और बाद में वे दुसरों को सिखाएँगे। मुझे मेरे खजाने और वक्त का प्रबंधक बनना है और मुझे ईमानदारी से रहना है।
- तुम्हारे दल को दुसरे दलों के साथ जुडने के लिए कहे ताकी एक दुसरे को प्रशिक्षित कर सके और हर व्यक्ती विजेता हो। नाटक के स्वयंसेवक को पुछिये 'येशु के लिए उपहार" सत्र को प्रार्थना से समाप्त करने के लिए।

३

प्रेम

प्रेम येशु को चरवाहे की तरह परिचित कराता है। चरवाहा भेडों का रक्षण करता है उन्हे खिलाता है और उन्हे अच्छी राह बताता है। हम लोगों को खिलाते है जब हम उन्हे भगवान की सब्दो से सिखाते है। लेकिन कौनसी पहली चीज है जो हम लोगों को भगवान के बारे मे सिखाते है? प्रशिक्षार्थी महत्वपूर्ण आदेश को खोजे, प्यार का रास्ता कौनसा है, ये कोज निकाले की पूजा कौनसे महत्वपूर्ण आदेश पर आधारित है।

प्रशिक्षार्थी सीधे शिष्य दल का नेतृत्व करे चार मूलपदार्तो के साथ प्रशंसा (भगवान को पूरे दिल से प्यार करना) प्रार्थना (भगवान को पुरी आत्मा से प्यार करना) धर्मग्रंथ अध्ययन (भगवान को पूरे मन से प्यार करना) युक्ती का अभ्यास (जिससे हम भगवान को पूरी ताकत से प्यार करे) आखिरी नाटक 'भेड़े और शेर" माननेवालों मे बहुत सारे शिष्य दल की जरुरत दिखाता है।

प्रशंसा:

- किसीको भगवान ने आशीर्वाद और मौजुदगी के लिए प्रार्थना करने दो कविता के पद साथ मे बोले।

प्रार्थना:

- प्रशिक्षार्थीयो की जोडियाँ बनाओ जिनके साथ वह पहले न रहे हो।
- हर प्रशिक्षार्थी अपने साथी के साथ इन सवालो के जवाब पर बाते करे।

    १) कैसे हम उन लापता लोगों के लिए प्रार्थना करे जिन्हे हम बचाना चाहते थे?
    २) कैसे हम उस दल के लिए प्रार्थना करे जिन्हे हम प्रशिक्षित कर रहे है?

- अगर साथी ने किसीको प्रशिक्षित करना नही शुरु किया तो उसके संबंध के उस 'व्यक्ती के लिए प्राथना करे जिन्हे वर प्रशिक्षित करना चालू कर सके।
- सभी सहपाठी साथ में प्रार्थना करे

अभ्यास

समीक्षा

हर समीक्षा सत्र एक जैसा होगा। सिखनेवालो को कहा जाए के वे खडे हो जाये और पहले सिखे हुउ पाठ याद कर ले। यह ध्यान से देखे की सभी हाथ की मुद्राऐं भी कर रहे है।

कौन से आठ चित्र है जो हमे येशु को अपनाने मे मदद करते है

सैनिक, जो कुछ माँगता है, चरवाहा, बीज बोनेवाला, बेटा, संत येशु की सेवा करनेवाला, सेवक।

बहुसंख्य।

कौनसी तीन चीजे है जो एक सेवक करता है?
येशु की मनुष्य के लिए कोनसी पहली आज्ञा है?
येशु की मनुष्य के लिए कोनसी आखरी आज्ञा है?
मै केसे फलदायी और बहुसेवि रह सकता हूँ?
इस्त्राईल के दो समुद्र के नाम कोनसे है?
वे इतने अलग क्यों है?
आप किस एक जैसा बनाना चाहते है?

येशु कैसे है?

मारकुस ६:३४- येशु ने नाव से उतर कर एक विशाल जनसमूह देखा। उन्हें उन लोगो पर तरस आया, क्योंकि वे बिना चरवाहे की भेड़ों की तरह थे और वह उन्हें बहुत-सी बातों की शिक्षा देने लगे। (एन ए एस बी)

येशु एक अच्छे चरवाहे है। वे एक अधिक संख्या में लोगों से प्यार करते है। उनकी समस्याओं को देखते है। लोगों को भगवान की राह पर चलने की शिक्षा देते है। वे हम में रहते है और हमेशा हमें रहेंगे।

चरवाहा

हाथ अपने शरीर की तरफ बढाइये जैसे आप लोगो को इकठ्ठा कर रहे हो।

एक चरवाहा कौनसी तीन चीजे करता है?

ईत्स २३:१-६- यहोवा मेरा चरवाहा है, मुझे कुछ घटी न होगी। वह मुझे हरी हरी चराइयों में बैठाता है; वह मुझे सुखदाई जल के झरने के पास ले चलता है; वह मेरे जी में जी ले आता है। धर्म के मार्गों में वह

अपने नाम के निमित्त मेरी अगुवाई करता है। चाहे मैं घोर अन्धकार से भरी हुई तराई में होकर चलूँ, तौ भी हानि से न डरूँगा"; क्योंकि तू मेरे साथ रहता है; तेरे सोंटे और तेरी लाठी से मुझे सान्ति मिलती है। तू मेरे सतानेवालों के सामने मेरे लिये मेज बिछाता है; तू ने मेरे सिर पर तेल मला है, मेरा कटोरा उमड़ रहा है। निश्चय भलाई और करुणा जीवन भर मेरे साथ साथ बनी रहेंगी; और मैं यहोवा के धाम में सर्वदा वास करूँगा।(एन ए एस बी)

१) चरवाहा अपने भेडो को सही राह पर चलाता है।
२) चरवाहा अपने भेडो का रक्षण करता है।
३) चरवाहा उन्हें खाना खिलाता है।

येशु एक चरवाहा है और अगर हम उन्हें अपनाते है तो हम भी उनकी तरह है। हम लोगों को येशु की तरफ बढने के लिए सिखाऐंगे। लोगो का बुराईयो से, दुश्मनों से रक्षण करो। लोगों को येशु के शब्दो का अनुसरण कराऐंगे।

लोंगो को सिखाने का मनुष्य आदेश क्या है?

मारकुस १२:२८-३१ एक शास्त्री यह शास्त्रार्थ सुन रहा था। उसने देखा कि येशु ने सदूकियों को ठीक उत्तर दिया है। वह आगे बढ़ा और उसने येशु से पूछा, ''सब से पहली आज्ञा कौन-सी है?"" येशु ने उत्तर दिया, ''पहली आज्ञा यह है: 'इस्राएल सुनो! हमारा प्रभु परमेश्वर एकमात्र प्रभु है। अपने प्रभु परमेश्वर को अपने सम्पूर्ण हृदय, सम्पूर्ण प्राण, सम्पूर्ण बुद्धि और सम्पूर्ण शक्ति से प्रेम करो। दूसरी आज्ञा यह है, 'अपने पड़ोसी को अपने समान प्रेम करो इन से बड़ी कोई आज्ञा नहीं""

भगवान से प्यार करो।

भगवान की तरफ हाथ ऊपर उठाओ।

लोगो से प्यार करो।

दुसरे की तरफ अपने हाथ बढाओ।

प्यार कहाँ से आता है?

१ योहन ४:७-८ प्रियो! हम एक दूसरे से प्रेम करें, क्योंकि प्रेम परमेश्वर से उत्पन्न होता है। जो प्रेम करता है, वह परमेश्वर की सन्तान है और परमेश्वर को जानता है। जो प्रेम नहीं करता, वह परमेश्वर को नहीं जानता; क्योंकि परमेश्वर प्रेम है.

प्यार भगवान से मिलता है

अपने हाथ ऊपर उठाओ जैसे हम प्यार प्राप्त कर रहे हो और फिर वापस वह प्यार भगवान को दो।

हम भगवान से प्यार प्राप्त करते है और दुसरों को देते है।

अपने हाथ ऊपर उठाओ जैसे हम प्यार प्राप्त कर रहे हो और फिर अपने हाथ फैलाओ जेसे की आप दुसरों को प्यार दे रहे है। सीधी साधी पुजा क्या है?

भगवान की प्रशंसा करने के लिए हाथ उठाओ ।

अपने हाथ क्लासिक प्रार्थना मुद्रा मे रखे।

अभ्यास — अपने हाथ और हथेलियाँ ऊपर उठाओ जैसे की आप किताब पढ रहे है। अपने हाथ पीछे आगे हिलाने का अभ्यास करे जैसे की आप बीज फेंक रहे हो। हमें साधी पूजा क्यों करनी चाहिए?

मारकुस १२:३० अपने प्रभु परमेश्वर को अपने सम्पूर्ण ह्रदय, सम्पूर्ण प्राण, सम्पूर्ण बुद्धि और सम्पूर्ण शक्ति से प्रेम करो.

पूजा के पाठो की प्रशक्षिर्थियो के साथ समीक्षा किजिए। साशी पूजा का हर भाग हमे येशु के सबसे महत्तपूर्ण आदेश का पालन करना सिखाता है। जो हमें मारकुस १२:३० में मिलता है। यह पाठ हमें पूजा का उद्देश्य समजाता है। प्रशिक्षार्थियों के साथ हाथ की मुद्राएँ करने का अभ्यास करे। हम भगवान को अपने पुरे दिल से प्यार करते है इसलिए हम भगवान से पूरी आत्मा से प्यार करते है, इसलिए हम उनकी प्रशंसा करते है, हम भगवान से पुरी आत्मा से प्यार करते है।, इसलिए उनका अध्यन करते है इसलिए उनका अध्ययन करते है। और हम अपनी पूरी ताकत से उन्हें प्यार करते है इसलिए हम अभ्यास करते है।

हम...	तो हम...	हाथ की मुद्राए करने
भगवान को अपने पुरे दिल से प्यार करते है	प्रशंसा करना	हाथ दिल के ऊपर रखो फिर दोनो हाथ उठाओ भगवान को प्रशंसा करो।
भगवान को पूरी आत्मा से प्यार करते है।	प्रार्थना करना	बंद हाथ बाजू मे रखो फिर क्लेसिक प्रार्थना मुद्रा बनाओ।
भगवान को पूरे मन से प्यार करते है।	अध्ययन	हाथ सिरपे दाएँ तरफ कि ओर रखो जैसे सोच रहे हो फिर हाथ ऊपर उठाओ जैसे पुस्तक पढ़ रहे हो।
भगवान को पूरी ताकत से प्यार करते है।	बताओ जो सिखा (अभ्यास)	हाथ ऊपर रखो फिर हाथ बाहर ले लो जैसे बीज बोते है

कितने लोग है जो पूजा करने के लिए चाहते है ?

जहाँ दो तीन लोग मेरे नाम के साथ है वहाँ उनके सात मैं हूँ।

येसु यह वादा करते है जहाँ दो तीन आस्था रकनेवाले साथ है तभी वहाँ वे उनके साथ है।

कविता

योहन १३:३४, ३५ मैं तुम्हें एक नयी आज्ञा देता हूँ, तुम एक-दूसरे से प्रेम करो। जिस प्रकार मैंने तुम से प्रेम किया, उसी प्रकार तुम भी एक-दूसरे से प्रेम करो। यदि तुम एक-दूसरे से प्रेम करोगे, तो उसी से सब लोग जान जायेंगे कि तुम मेरे शिष्य हो।""

सभी लोग खड़े हो जाउ और दस बार याद किए हुए कविता साथ में बोले। पहली छह बार प्रशिक्षार्थी अपने बायबल या नोट्स का उपयोग कर सकते है। आखिरी चार बार उन्हें कविता बोलने के पहले उसका संबंध बताए औरपूरा होने के बाद बैठ जाउ। इससे शिक्षको कों यह जानने मे मदद होगी की किसने अपना पाठ अभ्यास वक्त के दौरान पूरा किया है।

अभ्यास :

- इस सत्र के लिए प्रशिक्षार्थियों को प्रार्थना के लिए अपने सहयोगी के सामने मुँह करके बैठने के लिए कहे।
- हर सहयोगी एक दूसरे को बारी-बारी पमाएगा। उस जोड़ी में जो बुजुर्ग या उम्र में बड़ा रहेगा वह नेता होगा। शिक्षक प्रशिक्षार्थी कार्य के पन्ना २१ को देखे और करे तुम सोचलो।

- समझलो की तुम्हे उन्हे अभ्यास सत्र के दौरान सब कुछ केसे सिखाना है जैसे तुमने किया था। सवाल पुछो धर्मग्रंथ साथ में पढ़ीए।
- सवालों के जवाब इस प्रकार दिजिए जैसे मैने आपके साथ दिए थे। जब प्रशिक्षार्थी का एक दुसरे के साथ अभ्यसा हो जाए तो उन्हें दुसरे सहपाठी के साथ वापस अभ्यास करने के लिए कहा जाए। प्रशिक्षार्थी को एक ऐसे व्यक्ती का नाम सोचने के लिए कहा जाए जो इस कार्यक्रम का हिस्सा न हो और वह यह पाठ उन्हें बता कर उनके साथ बाँट सके। ऐसे व्युक्ती का नाम सोचने के लिए कुछ पल दिए जाए. उस व्यक्ती का नाम इस पाठ के पहले पन्ने पर ऊपर लिख दे।

समाप्ती

पूजा

- प्रशिक्षार्थियों को चार लोगों का दल बनाया जाए। हर दल को कुच मिनट अपने दल का नाम रखने के लिए दिए जाए।
- हर दल के कमरे के पास जाकर उन्हे दल का नाम पुछे जो उन्होने चूना है। प्रशिक्षार्थियों के साथ पूजा की हर भाग के बारे मे समीक्षा करे । उन्हे बताए की वे ये पूजा का अभ्यास साथ में मिलकर करने वाले है।
- इस पूजा दल का हर व्यक्ती अलग-अलग बागों का नेतृत्व इस पूजा वक्त के दौरान करेगा। जैसे एक व्यक्ती प्रशंसा व्त का दुसरा प्रार्थना वक्त का, तिसरा व्यक्ती, अध्ययन वक्त और चौथा व्यक्ती अभ्यासवक्त का।
- हर दल को कहाँ जाए की वे पूजा वक्त का नेतृत्व धीरे से करे क्योंकी दुसरे दल भी आस — पास है। प्रशिक्षार्थीयों को याद दिलाए की वे धर्मग्रंथ की कहानी कहे सिकाए नही। अध्ययन नेताओ को कहे की वे अपने दल को भगवान के प्यार, स्नेह के बारे मे बताए। अगर प्रशिक्षार्थी नही निश्चित कर पा रहे है कि धर्मग्रंथ की कौनसी कहानी सुनाए तो उन्हें बेटे की कहानी सुनाए। फिर अध्ययन नेता तीन अध्ययन प्रशन पुछ सकते है।

१) यह कहानी हमें भगवान के बारे में क्या बताती है?
२) यह कहानी हमें किस तरह े शु को ापनाने में मदद करती है?
३) यह कहानी हमें लोंगों के बारे में क्या बताती है?

- अभ्यास के नेता वापस वही धर्मग्रंथ की कहानी बताए जो अध्ययन नेता कही थी और वही सवाल पुछो जो अध्ययन नेता ने पुछे ते और इसतरह दल हर सवाल पर वापस चर्चा करें।

तुम्हांरे लिए ये क्यू इतना जरुरी है कि दल शुरु किया जाए?

भेडिए और शेर।

- समजाईये की कमरा एक भेडे चरने की जगह है। एक साथी को भेडों का रक्षक (चरवाहा) बनाईये। बाकी तीन साथियों को शेर बनने को कहा। बाकी सारे भेडे है।

  खेल का हेतु यह है कि शेर ज्यादा से ज्यादा कितने भेडों को नुकसान पहुँचाता है। अगर रक्षक ने शेर को कड लिया तो वह मर जाएगा। अगर शेर भेड को पकडता है तो वह निचे बैठेगी और उसे चोट लगेगी. रक्षक को तब चोट लगेगी जब दो शेर एक साथ उसे पकड लेंगे। एक बार किसी भी प्रतियोगी को चोट लगति है या मर जाता / जाति है तो वह खेल के समाप्त होने तक खेल से बाहर रहेगा।

- खेल शुरु करने से पहले दलो को जमिन से पुस्तक, पेन्सिल या अन्य घातक वस्तु को उठाने के लिए कहे। खेल के दौरान आप में से कुछ लोग चिल्ला सकते है परंतु वह ठीक है।

- तीन तक गिनो और जाने के लिए कहिए खेल तब रक चलता रहेगा जब तक सारे शेर मर न जाए या सारे बेडों को चोट न लग जाए। ज्यादा करके सारे भेडों को चोट नही लगती। रक्षक को भी चोट लग सकती है।
- दलों को कहिए की वे वापस यह खेल खेलनेवाले है। इस बार ज्यादा पाँच रक्षक चुनिये और तीन पहलेकेही शेर रखे। बाकी के सब भेडे रखेंगे। भेंडों को प्रोत्साहित करे के वे रक्षण के लिए छोटे झुंड बनाकर रक्षक के पास रहे।
- तीने गिने और शुरु करे। यह केल तब तक चलता रहेगा जब तक सारे शेर मर न जाए या सारी भेडों को चोट न लग जाए। सभी शेर जल्दी से मरने चाहिए और कम भेडों को चोट लगनी चाहिए।
- इस खेल का चित्र हमें यह बताता है की क्यों हमे ज्यादा लोंगों के दल की और चर्च की जरुरत है ? पहला खेल एक चरवाहे की तरह है जो अपने चर्च का रक्षण करता है और उसे बढाना चाहता है। एक शैतान के लिए ये आसान है के आके ज्यादा व्यक्तियों को नुकसान पहुँचाए । दुसरे खेल में बहुत सारे धार्मिक नेता अपने छोटे दलों का रक्षण कर सकते है। इस वजह से शैतान और उसके असूर (शेर) ज्यादा भेडो को नुकसान नही पहुँचा सकते।
- येसु एक अच्छे चरवाहे है। इसलिए हमे अपनी इच्चा से अपना जीवन, अपना समय अपनी प्रार्थना अपना मुख्य लक्ष्य उन भेडों को (लोगों) को देना है जो येशु के बारे मे जानना। सिखना चाहते है। सारे लोगों के लिए हम एक बार में ही मौजुद रहेंगे, येसु सर्वव्यापक है सभी जगह मौजूद है। यहि एक दूसरा कारण है की हम दुसरे को सिखाते है। दुसरे लोंगों को सिकाओ ताकी वे एक दुसरे का भार उठा सके और इसतरह क्राईस्ट के नियमों को पूरा कर सके।

४

प्रार्थना

प्रार्थना करना प्रशिक्षार्थी को येशु एक पवित्र व्यक्ती की तरह मिलाता है। वे एक पवित्र जीवन जिए और हमारे लिए क्रिस पर चढे। बगवान हमें आदेश देते है, कि संत बनो ताकि हम येशु को अपना सके। संत भगवान की पूजा करते है। पवित्र जिवन व्यतीत करते है और दूसरो को जीवन प्रार्थना करते है। येशु को अपनान एक मिसाल है।

हम भगवान की प्रशांसा करते है। हमारे पापों का पश्चाताप करते है। भगवान से हमारी जरुरतों की माँग करते है. और वे हमें जो करने के लिए कहते है वे हम करते है। भगवान हमारी प्रार्थना का चार तरीकों से उत्तर देते है। नही, (अगर हमने बुरे इरादोंसे कुछ माँगा हो) धीरे (अगर वक्त-समय सही न हो), बढ़ो (अगर उनसे उत्तर देने के पहले हम में और समझ आनी जरुरी हो) जाओ (जब हम उनकी इच्छा और शब्द की तरह प्रार्थना करते है) प्रशिक्षार्थी भगवान को फोन नंबर याद करले, ३-३-३ यह जेरीमह ३३:३ पर आधारित है और हमें भगवान को रोज बुलाने के लिए प्रोत्साहित करते है।

प्रशंसा :

- किसी को भगवान का आशिर्वाद और मौजुद होने पर प्रार्थना करने के लिए कहिए।
- देव — स्तुतिगान या उसके दो मुखड़े साथ मे गाइये।

प्रार्थना :

- प्रशिक्षार्थी यों की जोडिया बनाओ जिनके वह पहले सहपाठी न हो।
- हर प्रशिक्षार्थी अपने सहपाठी के साथ इन सवालों के जबाबों को बाँटे या चर्चा करें।

    १. जो लोग गये है जिन्हे आप बचाना चाहते है। उनके लिए प्रार्थना कैसे की जाए?
    २. हम जिस वर्ग को देते है उनके लिए प्रार्थना कैसे कि जाए?

- अगरे सहपाठी ने कलिसिको सिकाने की शुरुआत न की हो तो उन लोंगों के लिए प्रार्थना करों। जिन्हे वह जानता हो और उनमे सिखने की क्षमता हो। वे उन्हें पढ़ाना शुरु कर सकते है। सहपाठी एक साथ प्रार्थना करे।

अध्ययन :

फोन का खेल — क्या तुमने कभी फोन का खेल खेला है? ☙

- समझाए आप कुछ शब्द अपने बाजुवाले व्यक्ती से कहेगा। हर व्यक्ती अपने बाजु वलो से कुछ कहेगा जो उसने सुना है। जब तक पुरा गोल पूरा

हो नही जाता। आखरी व्यक्ती वहा बोलेगा जो उसने सुना है। तुम वो शब्द बताओ जो तुमने कहे थे, और बाकी के लोग तुलना करेंगे। कि दोनो शब्द कितने मिलते — जुलते है। वो शब्द चुने जो थोडे गलत है। और उसे अनेक भाग है। यह खेल दो बार खेलो। हम हमेशा कही सारी चीजें भगवान के बारे सुनते है लेकिन कभी, उनसे सिधे संबंध बात नही करते। हमारे खेल में अगर तुमने मुझे पुछा मैने क्या कहा? तो वो समझने में परेशानी नही होगी। पर अगर एक कहना, आप कई लोंगों से सुनते है, तो उसमे गलतियां होती है। हमारे धार्मिक जीवन में प्रार्थना करना बहुत जरुरी है। क्योकि वह भगवान से सिधे बात कराती है।

समिक्षा :

हर समीक्षा का सत्र एक जैसा होगा। प्रशिक्षार्थी को खडे होकर पहले के सिखाए हुए पाठ याद करने के लिए कहे। यह ध्यान से देखे की सभी हाथ की मुद्राऐ भी कर रहे है।

कौन से आठ चित्र या कोग है। जो हमें येशु को अपनाने में मदत करते है ?
सैनिक, जो कुछ माँगता है, चरवाहा, बीज बोने वाला, बेटा, संत, येशु की सेवा करनेवाला, सेवक।

बहुसंख्य
*कौनसी तीन चीजे है जो एक सेवक करता है ?
येशु की मनुष्य के लिए कोनसी पहली आज्ञा है ?
येशु की मनुष्य के लिए कोनसी आखरी आज्ञा है ?
मै केसे फलदायी और बहुसेवि रह सकता हूँ ?
इस्त्राईल के दो समुद्र के नाम कोनसे है ?
वे इतने अलग क्यों है ?
आप किस एक जैसा बनाना चाहते है ?*

प्रेम

कौनसी तीन चीजे है जो चरवाहा करता है?
दूसरो को सीखाने क्या सबसे महत्वपूर्ण आदेश है?
प्रेम कहाँ से आता है?
सरल पूजा क्या है?
हमारे पास सरल पूजा क्यों है?
सरल पूजा करने कितने लोगों की आवश्यकता है?

येशु कैसे है?

लूक ४:३३-३५ - सभागृह में एक मनुष्य था, जो अशुद्ध भूतात्मा के वश में था। वह ऊँचे स्वर से चिल्ला उठा, "हे येशु, नासरत-निवासी! हमें आपसे क्या काम? क्या आप हमें नष्ट करने आये हैं? मैं जानता हूँ, कि आप कौन है- परमेश्वर के भेजे हुए पवित्र जन!" "येशु ने यह कहते हुए उसे डांटा, "चुप रह, और इस मनुष्य से बाहर निकल जा।" "भूत ने सब के सामने उस मनुष्य को भूमि पर पटका और उसकी कोई हानि किये बिना वह उस से निकल गया।

येशु भगवान के पवित्र रुप है। वे ही है जिनकी हम पूजा करते है। वे हमारे लिए भगवान की तरफ मध्यस्थी करते है। वे हमें दुसरों के लिए मद्यस्थ होने के लिए कहते है और उनसे जुडा धार्मिक जीवन जीने के कहते है येशु एक पवित्र रुप है। हम संत की तरह है।

संत

✋ अपने हाथ क्लेसिक प्रार्थना के मुद्रा मे रखे। कौनसी तीन चीजे है एक संत करता है।

मत्ती २१:१२-१६- येशु ने मन्दिर में प्रवेश किया और वहाँ से उन सब को बाहर निकाल दिया, जो मन्दिर में क्रय-विक्रय कर रहे ते। उन्होंने सराफों की मेजें और कबूतर बेचनेवालों की चौकियाँ उलट दी और उन से कहा, ''धर्मग्रन्थ में लिखा है: 'मेरा घर प्रार्थना का घर कहलायेगा,"- परन्तु तुम लो उसे लुटेरों का अड्डा बना रहे हो।"" अन्धे और लंगडे येशु के पास मन्दिर में आये और येशु ने उन को स्वस्थ कर दिया। जब महापुरोहितों और शास्त्रियों ने उनके आश्चर्यपूर्ण कार्य देखे और बालकों को मन्दिर में यह जयगोष करते सुना- ''दाऊद के वंशज की जय!"", तो वे क्रुद्ध हो गए। वे येशु से बोले, ''क्या तुम सुन रहे हो कि ये क्या कर रहे हैं?"" येशु ने उन्हे उत्तर दिया, ''हाँ, सुन रहा हूँ। क्या तुम लोगों ने धर्मग्रन्थ में यह नहीं पढ़ा, 'बालकों और दुधमुँहे बच्चे के मुख से तूने अपना गुणगान कराया?""

संत भगवान की पूजा करता है। हमें भगवान की प्रशंसा करनी है। जैसे बच्चे मंदिर में कहते है।

संत एक धार्मिक जीवन व्यतीत करता है। येशु कभी अपने पिता का घर लालच से कराब करने की अनुमति नही देते।

संत दुसरों के लिए प्रार्थना करते है। येशु कहते है कि भगवान का घर प्रार्थना का घर है। येशु पवित्र रुप है जो हम में रहते है। जैसे ही हम उन्हें ापनाते हे हम उनके संत की अपनी पवित्रता में आगे बढ़ते है। हम पूजा करेंगे, अच्छा पवित्र जीवन बिताएँगे और दुसरों के लिए प्रार्थना करेंगे जैसे येसु ने किया था।

हम प्रार्थना कैसे करेंगे?

लूक १०:२१- उसी घड़ी येशु ने पवित्र आत्मा में उल्लसित हो कर कहा, ''पिता! स्वर्ग और पृथ्वी के प्रभु! मैं तेरी स्तुति करता हूँ, क्योंकि

तूने ये सब बातें ज्ञानियों और बुद्धिमानों से गप्त रखीं, किन्तु बच्चे पर प्रकट की। हाँ, पिता यही तुझे अच्छा लगा।

प्रशंसा :

येशु प्रार्थना में भगवान के पास आया, खुशी मे और धरती मे भगवान जो भी करता है उस के लिए धन्यवाद देता।

प्रशंसा :

☝ हात पूजा के लिए उठाओ।

लूक १८:१०-१४ - ''दो मनुष्य प्रार्थना करने मन्दिर में गये: एक फरीसी संप्रदाय का था और दूसरा चुंगी - अधिकारी था। फरीसी खड़े-खड़े इस प्रकार प्रार्थना कर रहा था, 'परमेश्वर! मैं तुझे धन्यवाद देता हूँ कि मैं दूसरे लोगों की तरह लोभी, अन्यायी, व्यभिचारी नहीं हूँ और न इस चुंगी- अधिकारी की तरह हूँ। मैं सप्ताह में दो बार उपवास करता हूँ और अपनी सारी आय का दशमांश दान करता हूँ। चुंगी - अधिकारी कुछ दूरी पर खड़ा था। उसे स्वर्ग की ओर आँख उठाने तक का साहस नहीं हुआ। वह अपनी छाती पीट-पीट कर यह कह रहा था, 'परमेश्वर! मुझ पापी पर दया कर।'' ''येशू ने कहा, ''मैं तुमसे कहता हूँ, वह पहला नहीं, बल्कि यह मनुष्य पापमुक्त होकर अपने घर गया। क्योंकि जो कोई अपने आपको ऊँचा करता है, वह नीचा किया जाएगा, परन्तु जो अपने आप को नीचा करता है, वह ऊँचा किया जाएगा।'' ''

पश्चाताप करना

इस कहानी में येशु प्रार्थना करने वालो दो व्यक्तियों का ांतर बताते है। जब फारसी प्रार्थना करता है तो वह गर्व महसूस करता है और खुद को पापियों

के ऊपर पाता है। जब एक कर लेनेवाला प्रार्थना करता है तो वह खुद भगवान के सामने नम्र होता है। और अपने कर्म की अवस्था (बुरे) करता है। येसु कहते है कि कर लेने वाला वो है जो अपनी प्रार्थना द्वारा भगवान को खुश करता है। पश्चाताप करना याने अपने पापों को (गलतियों को) कबुल करना और उन्हे वापस न दोहराना। जो पश्चाताप करते है वे भगवान से क्षमा पाते है और भगवान को आनंद देते है।

पश्चाताप

हथेलियों को अपने चेहरे की तरफ रखों, सिर घुमाओ।

लूक ११:९- मैं तुम से कहता हूँ - माँगो तो तुम्हें दिया जायेगा; ढूँढों तो तुम पाओगे; खटखटाओ तो तुम्हारे लिए खोला जायेगा।

पुछो:

जब प्रशंसा और पश्चाताप से भगवान होने का एहसास होता है तब हम उनसे हमें चाहिए वो माँग सकते है। ज्यादा करके लोग अपनी प्रार्थना पुछनेसे ही चालु करते है, पर यह गलत है। भगवान की प्रार्थना हमें यह सिखाती है, कि पिता की प्रशंसा करो और फिर माँगो। पुछो।

स्वीकार करना:

क्रॉस पर जाने से पहले येशु ने बहुतसी यातनाऐ सही। फिर भी उन्होंने कहाँ यह मेरी इच्चा नही तुमने किया है। भगवान से तुम्हे जो चाहिए वो माँगने के बाद उनका कहना मानना चाहिए और जो भी वो हमसे पुछते है या कहते है उन्हेंस स्वीकार करना चाहिए। प्रांना के लिए हाथ जोंडे और अपनी माथे से ऊपर उठाऐं जैसे हम उन्हें आदर या मान दे रहे हो। साथ मे प्रार्थना करें। प्रार्थना के वक्त

दल को प्रार्थना के चार हिस्सो में बताए। हर एक-एक बार। प्रशंसा और पुछने के सत्र में हर एक व्यक्ती जोर से प्रार्थना करे। पश्चाताप और स्वीकार के सत्र में धीरे से करे। तुम्हें पता है कि, सत्र का कोनसा वक्त हे जब मै कहूँ और बाकी भगवान के लोग...... आमेन कहे। प्रशिक्षार्थि को प्रोत्साहित करे कि, वे हाथ की मुद्राएँ करे। जो उन्हे प्रार्थना करते वक्त प्रार्थना के कोनसी हिस्से का अभ्यास कर रहे है। ये समझाने में मदद करेंगे। भगवान हमें कैसे जवाब देते है ?

मॅथ्यु २०:२०-२२ तब जब्दी के पुत्रों की माता ने अपने पुत्रों के साथ उसके पास आकर प्रणाम किया, और उस से कुछ मांगने लगी। उस ने उस से कहा, तू क्या चाहती है ? वह उस से बोली, यह कह, कि मेरे ये दो पुत्र तेरे राज्य में एक तेरे दाहिने और एक तेरे बाएं बैठें। यीशु ने उत्तर दिया, तुम नहीं जानते कि क्या मांगते हो ? जो कटोरा मैं पीने पर हूं, क्या तुम पी सकते हो ? उन्होंने उस से कहा, पी सकते हैं।

नही:

जेम्स और जॉन की माँ ने येशु से अपने बेटों के लिए एक अच्छा स्थान माँगा। गर्व और ताकद ने उसे यह करनर के लिए मजबूर किया। येशु ने कहा, वह उसकी इच्छा पूरी नही कर सकते, क्योंकी सिर्फ पिता का यह अधिकार है। भगवान नहीं कहते, जब हम गलत इरादे से कुछ माँगते है। सिर को नहीं बोलने जैसा हिलाओ।

योहन ११:११-१५ उस ने ये बातें कहीं, और इस के बाद उन से कहने लगा, कि हमारा मित्र लाजर सो गया है, परन्तु मैं उसे जगाने जाता हूं। तब चेलों ने उस से कहा, हे प्रभु, यदि वह सो गया है, तो बच जाएगा। यीशु ने तो उस की मृत्यु के विषय में कहा था: परन्तु वे समझे कि उस ने नींद से सो जाने के विषय में कहा। तब यीशु ने उन से साफ कह दिया, कि लाजर मर गया है। और मैं तुम्हारे कारण आनन्दित हूं कि मैं वहां न था जिस से तुम विश्वास करो, परन्तु अब आओ, हम उसके पास चलें।

धीरे :

येशु को पता था की, लझारस बिमार है। और वह इससे पहले पहँच सकता था और ठीक हो सकता था। फिर भि येशु ने उसके मरने का इंतजार किया। क्योंकी वे चाहते थे, कि वे बड़ा काम करे — पुर्नजीवन का। येशु को पता था कि, इससे उनका विश्वास बढ़ जायेगा और भगवान में आस्था रखेंगे कि लझारस फिरसे जीवित हो गया। कभी कभी हमें इंतजार करना चाहिए, क्योंकी वक्त सही नही होता। धीरे — हमें इंतजार करने की जरुरत है। भगवान के वक्त के लिए, ना कि हमारे।

हाथ नीछ रेखो जैसे गाडी धीरे चलाते है।

> *लूक ५१-५६ जब उसके ऊपर उठाए जाने के दिन पूरे होने पर थे, जो उस ने यरूशलेम को जाने का विचार दृढ़ तकिया। और उस ने अपने आगे दूत भेजे: वे सामरियों के एक गांव में गए, कि उसके लिये जगह तैयार करें। परन्तु उन लोगों ने उसे उतरने न दिया, क्योंकि वह यरूशलेम को जा रहा था। यह देखकर उसके चेले याकूब और यूहन्ना ने कहा; हे प्रभु: क्या तू चाहता है, कि हम आज्ञा दें, कि आकाश से आग गिरकर उन्हें भस्म कर दे। परन्तु उस ने फिरकर उन्हें डांटा और कहा, तुम नहीं जानते कि तुम कैसी आत्मा के हो। क्योंकि मनुष्य का पुत्र लोगों के प्राणों को नाश करने नहीं वरन बचाने के लिये आया है: और वे किसी और गांव में चले गए।*

बढ़ना

जब समारितन गाँव ने येशु का स्वागत नही किया तब जेम्स और जॉन — पुरे गाँव को आग लगाकर नष्ट करना चाहते थे। येशु के अनुयायी को उनका काम या हेतु समझ में नही आया। वह लोंगों को नुकसान पहुँचाने नही आये थे। वे उनको बचाने आए थे। अनुयायी में कुछ बढ़ने के लिए जरुरी था।

ऐसेही हम जब भगवान से कुछ माँगते है, जिस की हमे सचमुझ में जरुरत नही, जिसे हमें नुकसान पहुँच सकता है या फिर भगवान के अनुसारवह हमारे जीवन के लिए योग्य नही तो वह हमें नही देते। वह कहते है, हमें और बढ़ने कि — समझने कि जरुरत है। बढ़ना — भगवान चाहते है कि पहले हम अपने क्षेत्र में बढ़े।

हाथ ऊपर रेखो जैसे झाड बढ़ते है।

योहन १५:७ यदि तुम मुझ में बने रहो, और मेरी बातें तुम में बनी रहें तो जो चाहो मांगो और वह तुम्हारे लिये हो जाएगा।

जाओ

जब हम येशु को अपनाते है और उनके कहने की तरह रहते है, तब हम भगवान से हमें चाहिए वो माँग सकते है। और भगवान देंगे ही यह विश्वास रखते है।

भगवान कहते है — जाओ ले लो, तुम ले सकते हो।

— हमने उनकी तरह प्रार्थना की ओर उन्होंने हाँ कहाँ। सिर हिलाओ जैसे हाँ बोल रहे हो। हाथ आगे बढ़ाओ जैसे जाओ बोल रहे हो।

कविता

लूक ११:९ और मैं तुम से कहता हूं; कि मांगो, तो तुम्हें दिया जाएगा; ढूंढों तो तुम पाओगे; खटखटाओ, तो तुम्हारे लिये खोला जाएगा।

- सभी खड़े हो जाये और दस बार कविता साथ में बोले। पहिली छह बार प्रशिक्षार्थी अपने बायबल उपयोग कर सकते है। आखिरी चार बार उन्हें कविता याद करके बोलनी है। प्रशिक्षार्थि हर बार कविता बोलने के पहले उसका संबंध बताये और पूरा होने के बाद, बैठ जाये। इससे शिक्षकों को यह जानने में मदत होगी की, किसने अपना पाठ अभ्यास वक्त के दौरान पुरा किया है।

अभ्यास

- इस सत्र के लिए प्रशिक्षार्थि यों को प्रार्थना के लिए अपने सहयोगी के सामने मुँह करके बैठने के लिए कहे। हर सहयोगी एक — दुसरे को बारी — बारी पढ़ायेगा। उस जोड़ी में जो छोटा व्यक्ती होगा वह नेता होगा। शिक्षक प्रशिक्षार्थि कार्य के पन्ना इक्किस को देखे और करे। तुम समझलो कि, तुम्हें उन्हें अभ्याससत्र के दौरान सबकुछ कैसे सिखाना है? जैसे तुमने किया था। सवाल पुछो — धर्मग्रंत साथ में पढ़ीए। सवालों के जवाब इस प्रकार दिजिए जेसे मेने आपके साथ दिए थे। जब प्रशिक्षार्थी को एक — दुसरे के साथ अभ्यास हो जाए तो उन्हें दुसरे सहपाठी के साथ वापस अभ्यास करने के लिए कहाँ जाए। प्रशिक्षार्थि को एक ऐसे व्यक्ती का नाम सोचने के लिए कहाँ जाए जो इस कार्यक्रम का हिस्सा न हो और वो यह पाठ उन्हें बताकर उनके साथ बाँट सके। ऐसे व्यक्ती का नाम सोचने के लिए कुछ पल दिये जाए। उस व्यक्ती का नाम इस पाठ के पहले पन्ने पर ऊपर लिख दे।

समापन —

भगवान का फोन नंबर क्या है? नंबर है ३-३-३

यिर्मयाह ३३:३ मुझ से प्रार्थना कर और मैं तेरी सुनकर तुझे बड़ी-बड़ी और कठिन बातें बताऊंगा जिन्हें तू अभी नहीं समझता।

यह देखने की आप रोज उन्हें फोन करे । वे आप से सुन ने का इंतजार करते है । और अपने बच्चोंसे बाते करना उन्हें प्यारा लगता है । दो — हाथ, दस ऊंगलिया, दोनो हाथ ऊटाओ. दो तराह के लोग होते है जिनके लिए हम रोज प्रार्थना करते है । विश्वास करने वाला और अविश्वासी । हम विश्वास करने वालों के लिए प्रार्थना करते है, ताकि वे येशु को अपनाते रहे और दुसरों को ऐसा करना सिखाते रहें और ना मानने वालों के लिए प्रार्थना करते है ताकि वे, क्रिस्त को अपनाए। प्रशिक्षार्थी को प्रोत्साहित करे । कि वे पाच लोंगो को चुने जो उनके दाहिने हाथ से गिने जो अभी भी येसु में नहीं मानते । कुछ वक्त उनके लिए प्रार्थना करने के लिए बिताए ताकि वे येशु को अपना सखे और अपने बाये प्रशिक्षार्थी उनको रखे जिन्हें वह येशु को अपनाना सिखा सकते है । कुछ प्रार्थना करने के लिए बिताए उनके लिए जो येशु को पूरे दिल से अपनाना चाहते है ।

५

कहना- सुनाना

कहना सुनना प्रसिक्षार्थीयों को एक सेवक की तरह मिलाता है। सेवक दुसरों को मदत करता है उनके पास एक अच्छा दिल है, वे अपने मालिक की हर बात मानते है, उसी तरह येशु अपने पिता की हर बात मानते है, उनकी सेवा करते है। इस तरह ाब हम येशु की सेवा करते है और उन्हें ापनाते है। इन सब के लिए हमें उन्होंने चार आदेश दिए है, जिनका हमें पालन करना है। जाओ अपने शिष्य बनाओ, बॉपटाइज और उन्हें येशु ने दिया आदेश का पालन सिखाओ। येशु ने यह भी वादा किया है कि, वे हमेशा हमारे साथ रहेंगे। जब येसु आदेश देते है। हमें हमेशा उसका तुरंद उसका पालन करना चाहिए और अपने दिल से करना चाहिए। तुफान हर एक के जिवन में आते है, लेकिन बुद्धिमान व्यक्ती येसु के ्देश का पालन करके अपना जीवन सवाँरता है लेकिन मुर्ख व्यक्ती ऐसा नही करता। अंत में प्रशिक्षार्थी अपना ॲक्ट २९ मॅप शुरु करे। एक हरेभरे खेत का चित्र जो वे अपने सेमिनार के अंत में उपहार के रुप में देंगे।

प्रशंसा

- किसी को भगवान की मौजुदगी और आर्शीवाद के लिए प्रार्थना करने के लिए कहिए। दो कविताए साथ मे गाईये।

प्रार्थना

- प्रशिक्षार्थियों की जोड़ियाँ बनाईये जिनके साथ वह पहले न रहे हो। हर प्रशिक्षार्थी अपने हमसफर (पार्टनर) के साथ इन सवालो के जवाब पर चर्चा करे

 १) जो लोग लापता है जिन्हे आप बचाना चाहते है उनके लिए प्रार्थना कैसे करे ?
 २) तुम जिस दल को प्रशिक्षण दे रहे हो उनके लिए प्रार्थना कैसे करे ?
 ३) अगर साथी ने किसी को प्रशिक्षण देना नही शुरु किया तो उन क्षमता वाले लोगो के लिए प्रार्थना करो जिनके वह आस पास हो और उन्हे वह प्रशिक्षित कर सकते है। सभी साथी साथ मे प्रार्थना करे। सहयोगी एक साथ प्रार्थना करो।

अध्ययन (अभ्यास) द फंगकी चिकन ? करो! आज में जो करता हूँ आशा है आप भूलेंगे नही। चक्र मे खडे रहो और मुझे देखो, में जो भी करता हूँ वो करो। पहली बार हाथ का गति आसान रखो ताकि दूसरो को तुम्हारे पीछे पीछे कर सकते। जैसे ऊँघना, गाल पे चपत मारन, कौहना मलना. आसानी और आहिस्ते से करो ताकि सबको कर सकते।

''क्या ये पीछे-पीछे करने को आसान था ?

क्यो या क्यो नहीं ?""

''ये जो किया आसान था क्योंकि में सब आसानी से किया।""

''अब वापस करो जो मे करता। याद रखो, मे जो कुछ करेंगा वैसे ही करो।""

दूसरी बार फंगकी डिकन का बाच संयोग मे दिखाऊ जॉन तावोलता डिस्को करो, और फोक्स ट्रोट।. खुद का जर्जर, कठिन नाच बनाकर दिखाऊ जो किसीको नहीं कर सके। कोई तुम्हारे जैसे करेगे लेकिन बहुतजन हस्सेंगे और बोलेंगे नहीं कर सकते। ''क्या ये चालू रखने को आसान था? क्यो या क्यो नहीं?"" हम जो सिखाते है वो आसानी से दोबारा कर सकते। जब हम ऐसे पढते तो दूसरो को प्रशिक्षण दे सकते है। जब पाठ कठिन है तब दूसरे को नही सिखा सकते है। जब येशू का शिक्षण हम अध्ययन करते है हम मालुम पडता है कि वो सादा पढाई प्रयोग करता था जो जनते और याद कर सकते और दूसरो को भी बता सकते थे। हम दूसरों को प्रशिक्षण देने के लिए येशू का ही तरीका इस्तेमाल करते है। समीक्षा हर समीक्षा का सत्र एक जैसा होगा। सिखानेवालो को कहा जाए के वे खडे हो जाए और पहले सिखे हुए पाठ याद कर ले। यह ध्यान से देखे की सभी हाथ की मुद्राएँ भी कर रहे है। कौन से आट मित्र है जो हमे येशु को अपनाने मे मदद करते है? सैनिक, जो कुछ माँगता है, चरवाहा, बीज बोनेवाला, बेटा, संत, सेवा करनेवाला, सेवक ।

समीक्षा:

- हर समीक्षा सत्र एक जैसा होगा। प्रशिक्षार्थी को खडे होकर पहले के सिखे हुए पाठ याद करने के लिए कहे। यह देख लेना की वे हाथ की मुद्राएँ भी कर रहे है।

कौन से आठ चित्र है जो हमे येशु को अपनाने मे मदद करते है?

सैनिक, माँगनेवाला, चरवाहा, बीज बोनेवाला, बेटा, संत, सेवा करनेवाला गृह प्रबंधक।

बहुसंख्य

कौनसी तीन चीजे है जो एक सेवक करता है?
येशु की मनुष्य के लिए कोनसी पहली आज्ञा है?
येशु की मनुष्य के लिए कोनसी आखरी आज्ञा है?
मै केसे फलदायी और बहुसेवि रह सकता हूँ?
इस्त्राईल के दो समुद्र के नाम कोनसे है?
वे इतने अलग क्यों है?
आप किस एक जैसा बनाना चाहते है?

प्रेम

कौनसी तीन चीजे है जो चरवाहा करता है ?
दूसरो को सीखाने क्या सबसे महत्वपूर्ण आदेश है?
प्रेम कहाँ से आता है?
सरल पूजा क्या है?
हमारे पास सरल पूजा क्यों है?
सरल पूजा करने कितने लोगों की आवश्यकता है?

प्रार्थना

कौनसी तीन चीजे है जो संत करता है ?
हम कैसे प्रार्थना करें?
परमेश्वर हमें कैसे उत्तर देंगे?
भगवान का फोन नंबर कौनसा है?

येशु कैसे है?

मारक १०:४५ क्योंकि मनुष्य का पुत्र इसलिये नहीं आया, कि उस की सेवा टहल की जाए, पर इसलिये आया, कि आप सेवा टहल करे, और बहुतों की छुड़ौती के लिये अपना प्राण दे।।

येशु एक सेवक है। येशु हम लोग के लिए जान दिया।

👋 सेवक

कौनसी तीन चीजे है जो सेवक करता है ?

फिलिप्पियों २:५- ८- आप लोग अपने मनोभावों को येशु मसीह के मनोभावों के अनुसार बना लें, यद्यापि मसीह परमेश्वर- स्वरुप थे, फिर भी उन्होंने परमेश्वर के तुल्य होने को अपने अधिकार में करने की वस्तु नहीं समझा; वरन् दास का स्वरुप ग्रहण कर उन्होंने अपने को रिक्त कर दिया, और वह मनुष्यों के समान बन गए। मानवीय रुप में प्रकट होकर मसीह ने अपने को दीन बना लिया और यहाँ तक आज्ञाकारी रहे कि मृत्यु, हाँ क्रूस की मृत्यु भी, स्वीकार की।

सेवक एक दूसरे को मदद करते। येशू क्रॉस के ऊपर मर गया ताकि हमको भगवान के पास आ सकते। सेवक का दिल सरल है। सेवक अपने मास्टर की आज्ञा मानते है। येशू पिता का आज्ञा मान लेते थे। हम हमारे मास्टर को आज्ञा मान लेना चाहिए। येशू सेवक है और हमारे अन्दर मे रहते है। हम उसका चेला है और हम भी सेवक बनेंगे।

मॅथ्यु २८:१८ यीशु ने उन के पास आकर कहा, कि स्वर्ग और पृथ्वी का सारा अधिकार मुझे दिया गया है।

स्वर्ग और धरती मे से येशू सबसे महान है। हमारे माँ बाप, शिक्षक और मंत्री से भी। धरती में स सब मिलाकर लेकिन येशू सबसे महान है। और इसीलिए जब वो आज्ञा देते है हम सब से पहले मान लेना चाहिए।

येशू ने कौनसी चार आज्ञाए हर विश्वासियों को दिया है ?

मॅथ्यु २८:१९ इसलिये तुम जाकर सब जातियों के लोगों को चेला बनाओ और उन्हें पिता और पुत्र और पवित्रआत्मा के नाम से बपतिस्मा दो।

जाओ

🖐 उंगलियों आगे बढ़ना ''चलना''

शिष्य बनाओ

🖐 सरल पूजा से चार हाथ गती का उपयोग करो: प्रशंसा, अध्ययन, अभ्यास, प्रार्थना

बपतिस्मा करो

🖐 अपना हाथ दूसरे कोहने पर रखो, कोहनी को ऊपर निचे ले लो जैसे कोई बपतिस्मा किया जा रहा है।

दिया हुआ आदेश को पालना सिखाओ।

🖐 दोनों हाथ साथ मे ले लो जैसे आप एक पुस्तक पढ़ रहे हो, फिर ''पुस्तक'' आगे और पीछे, बाँए से दाएँ ले लो जैसे लोगों को सिखा रहे है।

हम येशू को आज्ञा का पालन कैसे करना चाहिए ?

मैं आपको तीन कहानियाँ सुनाऊँगा जिसमें ईश्वर मुझसे इच्छा माँग रहे हो। ध्यान से सुनो क्योंकि कुछ ही मिनिटों में ये पाठ अपने साथी को फिर से सिखा सकते है।

हर समय

''एक बेटे अपने बाप को बोला की वो एक महिना छोड़कर पुरा साल आज्ञा का पालन करेगा। उस महिनों में वह जो पसंदीदा का काम करना चाहता है वही करेंगे (शराब पीयेंगे, स्कूल जाने को बंद करेंगे) तुम्हे क्या लगता है पिताजी ने कहा ?

वही लडका अपने पिता को कहा, ''एक हफ्ता छोड़कर हर हफ्ते आज्ञा का पालन करेगा। वो हफ्ता में मै जो करना चाहता करेगा। (चरसी बनेंगे, घर से भागेगा) तुम्हे क्या लगता पिताजी ने कहा ?

फिर लडका बोला, 'एक दिन छोडके में सालभर तुम्हारी आज्ञा का पालन करेगा, वो दिन मैं जो भी करना चाहता हूँ वो ही करेगा। (शादी करेंगे, हत्या करेगा) तुम्हे क्या लगता पिताजी ने कहा ?

हम अपने बच्चों को हर समय आज्ञा का पालन उम्मीद रखते हो। वैसे ही जब येशू हमको आज्ञा देता वो उम्मीद रखते है कि हम उसकी बात मानते। हम उम्मीद रखते हैं कि हमारे बच्चे तुरंत सुनेंगे और उसके सुविधानुसार से नहीं। वैसे ही जब येशू हमको आज्ञा देते तो उम्मीद रखते कि हम उसकी बात मानते।

हर समय पर
🖐 अपने दाएँ हाथ बाएँ से दाएँ हिलाओ

तुरंत

''एक लडकी उसकी माँ को बहुत प्यार करती थी, माँ बहुत बीमार हो गयी और मरनेवाली थी। माँ ने बेटी को पूछा, 'कृपया मुझे थोडा पानी दे दो" बेटी बोली, 'हा, मैं दूँगी... (कम ठहराव) अगले हफ्ते ? तुम्हे क्या लगता माँ ने कहा ?

तुरंत

तुम्हारे हाथ उपर से नीचे ऐसे टुकडे करने की स्थिती मे रखो।

प्यार भरे दिल से

एक नौजवान था जिसे शादी करनी थी। मैने उसे कहा मै तुम्हारे लिए एक यंत्रमानव बनाता हूँ जो तुम्ही हर बात मानेगा। जब वो काम से घर आएगा, यंत्रमानव कहेगा मै तुमसे बहुत प्यार करती हूँ। तुम कितने मेहनती हो। अगर वो अपनी यंत्रमानव पत्नी से कुछ भी करने कहेगा वो हमेशा ''हा, पतिदेव- तुम दुनिया के सबसे महान आदमी हो"" कहेगी। तुम्हे क्या लगता है मेरा मित्र ऐसी पत्नी के बारे में क्या सोचता है ? (यंत्रमानव का अनुकरण किजीए जब तुम कहोगे की यंत्रमानव क्या कहेगा

हमे चाहिए की प्यार सच्चे दिल से आए ना की किसी यंत्रमानव से। हमे सच्चा प्यार चाहिए उसी तरह भगवान चाहते है कि हम प्यार भरे दिल से उनकी आज्ञा का पालन करे।

प्यार भरे दिल से:

अपने हाथ मोडके दिल पर रखो फिर भगवान की प्रशंसा के लिए ऊपर उठाओ।

समीक्षा

तीन हाथ की गतियों की कई बार करे।

येशु चाहते है कि हम उनकी आज्ञा का पालन तुरंत, हर वक्त, प्यार भरे दिल से करे

येशु ने हर मानने वाले की चार आदेश दिए है। हम उनका पालन कैसे करे ?

उन्होने हमे जाने का आदेश दिया है

ऊँगलिया आगे चलाइये ''चलना'' ''

हम कैसे पालन करते है ?

तुरंत, हर वक्त प्यार भरे दिल से।

उन्होने हमे आदेश दिया है शिष्य बनाओ।

साधी पूजा से चार हाथ की गति का उपयोग कीजिए: प्रशंसा, प्रार्थना, अध्ययन अभ्यास

हमे कैसे पालन करते है ?

तुरंत, हर वक्त प्यार भरे दिल से।

उन्होंने हमे बेपटाइज होने का आदेश दिया है।

दायाँ कोनी अपने बाएँ हथेली पर रखिए। दायाँ बाहू झुकाकर पीछे लिजिए और फिर ऊपर लिजिए।

हम कैसे पालन करते है?

तुरंत, हर वक्त, प्यार भरे दिल से।

वो हमे आदेश देते है की दुसरों को सिखाओ उनकी आदेश का पालन करना।

हाथ एक साथ रखो जैसे तुम पुस्तक पढ रहे हो, फिर पुस्तक को पीछे आगे आधे गोल में किजीए। जैसे की तुम लोगों को सिखा रहे हो।

हम कैसे आज्ञा का पालन करे?

हर वक्त तुरंत प्यार भरे दिल से

हर माननेवाले को येशु क्या वादा करते है?

मॅथ्यु २८:२० और उन्हें सब बातें जो मैंने तुम्हें आज्ञा दी है, मानना सिखाओ: और देखो, मैं जगत के अन्त तक सदैव तुम्हारे संग हूं।।

स्मृती कविता

यी १५:१० वह जगह में था, और जगत उसके द्वारा उत्पन्न हुआ, और जगत ने उसे नहीं पहिचाना।

येशु हमेशा हमारे साथ है, वे अभी यहाँ हमारे साथ है।

- हर एक खडे रहकर स्मृती कविता दस बार साथ में बोले। पहली छह बार प्रशिक्षार्थी अपने बायबल का उपयोग कर सकते है। अंत में चार बार उन्हे कविता याद करके बोलनी है। प्रशिक्षार्थी को हर बार कविता बोलने से पहले उसका संबंध बताना है। खत्म होने के बाद नीचे बैठ जो।
- इससे सिखानेवाले को ये जानने मे मदद होगी की किसने 'अभ्यास" सत्र के दौरान पाठ पूरा किया है।

अभ्यास

- प्रशिक्षार्थियों को इस सत्र के लिए अपने प्रार्थना साथी के सामने बैठने के लिए कहिए। साथी बारी बारी एक दूसरे को पाठ सिखाएँगे।
- जोडी में लंबा व्यक्ती नेता रहेगा।
- प्रशिक्षण प्रशिक्षार्थी कार्यक्रम का पन्ना २१ अपनाए।
- देख ले की आप उन्हे अभ्यास सत्र में सब कुछ सिखाना चाहते है जैसे आपने किया था। सवाल पुछो, धर्मग्रंथ साथ में पढो और सवालों के जबाब उसी तरीके से दे जैसे मैने तुम्हारे साथ किया था।
- प्रशिक्षार्थी एक दूसरे के साथ अभ्यास करने के बाद उन्हे नया साथी ढूँढकर वापस अभ्यास करने के लिए कहे। प्रशिक्षार्थीयों के ऐसे व्यक्ती के बारे में सोचने के लिए कहे जिनके साथ वह यह पाठ बता सकते है और जो इस प्रशिक्षण के बाहर का हो।

ऐसे व्यक्ती का नाम सोचने के लिए कुछ वक्त लिजिए जो प्रशिक्षण के बाहर का हो और तुम उसे यह पाठ पढ़ा सकते हो। उसी व्यक्ती का नाम इस पाठ के पहले पन्ने पर ऊपर लिखे।

समाप्ती/अंत

सच्चे आधार पर काम करना/बनाना ☙

- अगले नाटक के लिए तीन स्वयंसेवक को कहिए: दो ये नाटक करेंगे और एक सूत्रधार रहेगा। दो स्वयंसेवक को आपके सामने रखे और सूत्रधार को बाहर बाजू मे रखे। जो दो स्वयंसेवक नाटक करेंगे वे पुरुष हो।
- सूत्रधार को मॅत्थू ७:२४-२५ पढने कहिए।

बुद्धिमान व्यक्ती अपना घर पत्थरों पर बनाता है।

मत्ती ७:२४, २५- ''जो मेरी ये बाते सुनता और उन पर चलता है, वह उस समझदार मनुष्य के सदृश है, जिसने चट्टान पर अपना घर बनवाया था। पानी बरसा, नदियों में बाढ़ आयी, आँधियाँ चली और वेग पूर्वक उस घर से टकरायीं। तब भी वह घर नहीं ढहा; क्योंकि उसकी नींव चट्टान पर डाली गयी थी।''

- वर्णन करनेवाले ने पुरा परीच्छेद पढ़ने के बाद पहले प्रतिनिधी के सर पर पानी डालते और हवा बहने का आवाज करते हुए बुद्धीमान व्यक्ती को क्या हुआ ये समझाइये।
- नाटक के पहले पानी की बोतल नजदीक ही कही छुपा दे।
- वर्णन करनेवाले को (मॅथ्यू ७:२६-२७) पढने के लिए कहिए।

मुख्य आदमी अपना घर रेत पर बनाता है''

मन्ती ७:२६-२७- ''जो मेरी ये बाते सुनता है, किन्तु उन पर नहीं चलता, वह उस मूर्ख के सदृश है, जिसने बालू पर अपना घर बनवाया। पानी बरसा, नदियों में बाढ़ आयी, आँधियाँ चलीं और उस घर से टकरायी। वह घर ढह गया और उसका सर्वनाश हो गया।''

- वर्णन करने के बाद दूसरे प्रतिनिधी के सिर पर पानी डालते हुए, हवा बहने का आवाज करके मुर्ख व्यक्ती को क्या हुआ ये समझाईये। जैसा आपने कहा नाटक के अंत मे वह गीर जाएगा और उससे भी ज्यादा उसके घर का गिरना है।
- जब हम येशु के आदेश का पालन करते है हम बुद्धिमान व्यक्ती है। जब हम आदेश का पालन नही करते हम मुर्ख व्यक्ती है। हमे यह देखना है कि जिन लोगों को हम प्रशिक्षित कर रहे है उनकी जिंदगी येशु के आदेश पालने पर आधारीत है। येशु के शब्द ही उनके जीवन मे आनेवाली मुसीबतो में मुख्य आधार है।
- ''सच्चा आधार'''' इस नाटक के बाद हर प्रशिक्षार्थी को कागज, पेन्सिल, कलर पेन्सिल, कलम, और कलर दिए जाए।
- समझाईये की सबको उस जगह का नक्शा बनाना है जहाँ पे उन्हे भगवान ने जाने के लिए कहा है। प्रशिक्षण के दौरान कई बार वे अपने नक्शे पर काम कर सकते है। वे उस पर शाम को भी काम कर सकते है। यह नक्शा येशु का आदेश की सारे संसार में जाओ इसका पालन करना बताता है।
- प्रशिक्षार्थीओं को उस जगह का नक्शा बनाने के लिए कहिए जहाँ पे उन्हे भगवान ने जाने के लिए कहा है। उनके नक्शे में, रास्ते, नदी, पर्वत, नजदीकी स्थल होने चाहिए। अगर प्रशिक्षार्थी को मालूम नही है की भगवान उन्हे कहाँ बुलाना चाहते है तो उन्हे प्रोत्साहित करे वे अपने घर के या अपने काम के स्थान का नक्शा बनाये। या फिर जहाँ लोग रह सकते है उसका नक्शा बनाये। ये एक अच्छी शुरुवात है।

नक्शे के जानकार चिह्न, अस्पताल, घर, मंदिर, मश्जिद, चर्च, पाठशाला या बाजार

प्रशिक्षार्थी एक अच्छा नक्शा बना सकते है जब वे....

- पहले एक रुक्ष नक्शा बनाए फिर बाद में एक अच्छे कागज परउसकी नकल बनाए। दुसरों के पास जाकर उनके नक्शे देखकर नई कल्पनाए ले। ये समझ ले की वे प्रशिक्षण के अंत में यह नक्शा अपने दल को देने या दिखानेवाले है।
- अपना नक्शा और रंगीन बनाने के लिए रंगीन पेन्सिल या रंगो का इस्तमाल कर सकते है।

MY ACTS 29
N
E
W
S
school
RIVER
RIVER
Bible school
Military Base
Football Field
Lake

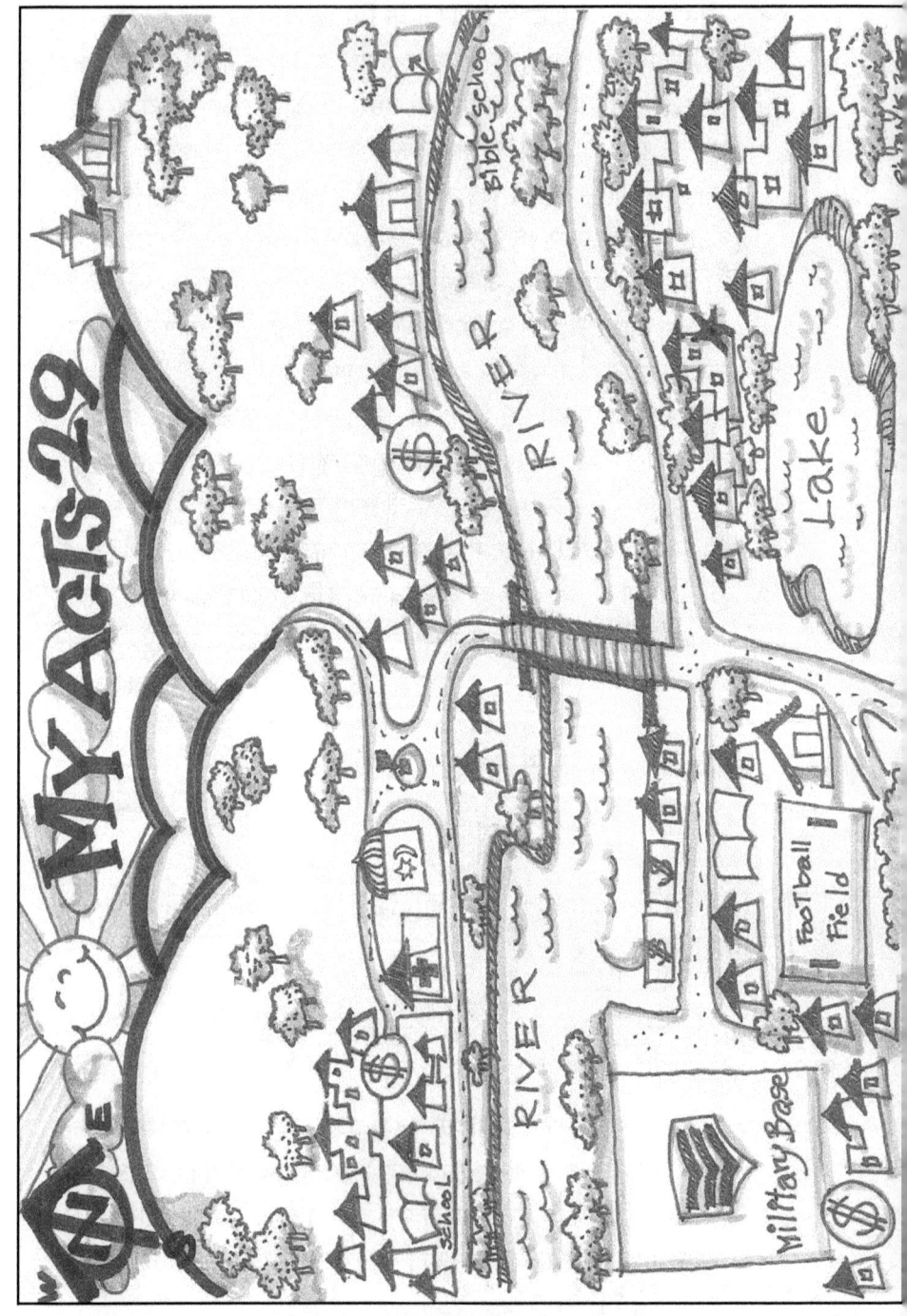

६

चलना

चलना प्रशिक्षार्थी को एक बेटे की तरह येशु से परिचित कराता है। बेटा/बेटी अपने पिता का मान रखते है, एकता की इच्छा करते है और अपने परिवार को यशस्वी बनाना चाहते है। येशु पिता के रुप में बहुत ही प्यारे है और एक पवित्र आत्मा उनमे रहती है उनके बाप्तीस्म में। येशु अपने मंत्रीमंडळ में यशस्वी रहे है क्योंकि वे पवित्र आत्मा की शक्ति पर आधारित रहते है।

इसी तरह हमे भी अपने जीवन में इस पवित्र आत्मा की शक्ति पर आधारित रहना चाहिए। इस पवित्र आत्मा के उद्देश्य में हमे चार आदेशों का पालन करना है। आत्मा के साथ चलो, आत्मा को मत करो, आत्मा से भरे रहो और उसे मत बुझाओ। येशु आज हमारे साथ है और हमे मदद करना चाहते है जैसी मदद उन्हे गॅलिली के रास्ते पर के लोगों की थी। हम येशु को बुला सकते है जब हमे उसे अपनाने में कोई रुकावट आ रही हो।

प्रशंसा

- किसी को भगवान की मौजुदगी और आर्शीवाद के लिए प्रार्थना करने के लिए कहिए। दो कविताए साथ मे गाईये।

प्रार्थना

- प्रशिक्षार्थियों की जोड़ियाँ बनाईये जिनके साथ वह पहले न रहे हो। हर प्रशिक्षार्थी अपने हमसफर (पार्टनर) के साथ इन सवालो के जवाब पर चर्चा कर

१)जो लोग लापता है जिन्हे आप बचाना चाहते है उनके लिए प्रार्थना कैसे करे ?

२) तुम जिस दल को प्रशिक्षण दे रहे हो उनके लिए प्रार्थना कैसे करे ?

३) अगर साथी ने किसी को प्रशिक्षण देना नही शुरु किया तो उन क्षमता वाले लोगो के लिए प्रार्थना करो जिनके वह आस पास हो और उन्हे वह प्रशिक्षित कर सकते है। सभी साथी साथ मे प्रार्थना करे। गॅस के बारे में अभ्यास तुम क्या सोचते हो जब मै मेरी मोटरसायकल को धकेलता हूँ और उसमे गॅस भी नही भरता। एक प्रतिनिधी के लिए पुछिये ये प्रतिनिधी आपकी मोटरसायकल है। इसे स्कूल जाने, बाजार जाने, मित्रों से मिलने धकेलिए। आप के मित्र के घर पर वे आप के साथ मोटरसायकल पर घुमने के लिए पूछे। उन्हे भी दीजिए और धकेलिए। ये कितना थकावट भरा होगा ये करके बताईये। जब आप अपने मोटरसायकल में गॅसोलीन भरोगे तो वह ज्यादा आसान होगा। चाबी घुमाईये और किक मारकर अपनी मोटरसायकल चालू करे। ये देके की वह आवाज करे।

तुम्हे कई बार अपनी मोटर सायकल चालू और बंद करनी पडेगी। अगर वो आवाज करना बंद कर दे। वो सभी चीजे कीजिए जो आपने पहले की है लेकिन इस बार आपको प्रयत्न नही करने पडेंगे क्योंकि इस बार आपको मोटर सायकल को धक्का नही देना पडेगा। जब आपके मित्र आपको मोटरसायकल घुमाने के लिए कहेंगे तो उन्हे दे दीजिए और कहिए की अब कोई दिक्कत नही है मेरे पास बहुत सारी शक्ति है।

यह मोटरसायकल हमारे धार्मिक जीवन की तरह है। बहुत सारे लोग अपनी धार्मिक जीवन अपने शक्ति पर धकेलते है। इसका यह नतिजा होता है की उन्हे अपनी ख्रिस्त चलने मे मुश्किल होगी और उन्हे हार माननी पडेगी।

दुसरो ने ये पवित्र आत्मा की शक्ति अपने जीवन मे ढूंढी है। ये मोटरसायकल मे गॅस की तरह है। ये पवित्र आत्मा हमे येशु की आदेशों का पालन करने मे मदद करती है।

समीक्षा

हर समीक्षा सत्र एक जैसा होगा। प्रशिक्षार्थीयां को खडे होकर पहले के पाठ याद करने के लिए कहे। ये भी देखे की वे हाथ की मुद्राएँ भी करे।

कौन से आठ चित्र है जो येशु को अपनाने में मदद करते है। सैनिक, माँगने-वाला, चरवाहा, बीज बानेवाला, बेटा, संत, नौकर, सेवा करनेवाला, बहुगुणी।

सेवाकरनेवाला कौनसी तीन चीजे करता है?
भगवान का मनुष्य के लिए कौनसा पहला आदेश है?
येशु को कौनसा आखरी आदेश है?
मै कैसे बहुगुणी और फलदायी बन सकता हूँ?
इस्त्राईल मे कौनसे दो समुद्र है?
वे सबसे अलग क्यो है?
तुम किस एक जैसा बनना चाहते हो?

प्यार:

चरवाहा कौनसी तीन चीजे करता है?
दुसरो को सिखाने के लिए कौनसा मुख्य आदेश है?
प्यार कहाँ से आता है?

साधी पूजा क्या है?
हमे पूजा क्यों करनी चाहिए?
कितने लोग ये पूजा करने को लेते है?

प्रार्थना-
कौनसी तीन चीजे है जो संत करता है?
हम प्रार्थना कैसे करे?
भगवान हमे कैसे जवाब देते है?
भगरान का फोन नंबर कौनसा है?

आज्ञा मानो —
कौनसी तीन चीजें नौकर करता है?
किसे सबसे ज्यादा अधिकार है?
कौनसे चार आदेश येशु अपने माननेवालों को देते है?
हम येशु की आज्ञा कैसे माने?
येशु हमे क्या वचन देते है?
येशु कैसे है?

मॅथ्यु ३:१६-१७ और यीशु बपतिस्मा लेकर तुरन्त पानी में से ऊपर आया, और देखो, उसके लिये आकाश खुल गया; और उस ने परमेश्वर के आत्मा को कबूतर की नाईं उतरते और अपने ऊपर आते देखा। और देखो, यह आकाशवाणी हुई, कि यह मेरा प्रिय पुत्र है, जिस से मैं अत्यन्त प्रसन्न हूं।।

येशु एक बेटे है। मनुष्य का बेटा ये येशु का अपने बारे मे प्यारा वर्णन है। वो पहले है जो भगवान को पिता बुलाते है। उनके पुर्नजीवन के कारण हम भी अभी भगवान के परिवार का हिस्सा है।

बेटा/ बेटी
 ✋ अपने हाथ मुँह की तरफ बढाईये जैसे आप खा रहे हो। बेटे ज्यादा खाते है।

कौनसा तीन चीजें बेटा करता है ?

योहन १७:४, १८-२१ - (येशु बोले....) ''जो कार्य तूने मुझे करने को दिया था, वह मैंने पूरा किया और उस प्रकार पृथ्वी पर तेरी महिमा की। जिस तरह तूने मुझे संसार में भेजा है, उसी तरह मैंने भी उन्हें संसार में भेजा है। मैं उनके लिए अपने को समर्पित करता हूँ, जिससे वे भी सत्य के द्वारा समर्पित हो जायें। मैं न केवल उनके लिए प्रार्थना करता हूँ, बल्कि उनके लिए भी जो उनका संदेश सुनकर मुझ में विश्वास करेंगे, कि वे सब एक हों। पिता! जिस तरह तू मुझ में है और मैं तुझ में, उसी तरह वे भी में एक हों, जिससे संसार यह विश्वास करे कि तूने मुझे भेजा है।

१) बेटे अपने पिता का मान रखते है।

येशु ने अपने पिता के लिए खुशियाँ लाई जब वे धरती पर थे।

२) बेटा अपने परिवार मे एकता चाहते है।

येशु चाहते थे कि उनके माननेवाले एक हो जैसे वे और उनके पिता एक थे।

३) बेटा अपने परिवार को यशस्वी करना चाहता है।

जैसे भगवान ने येशु को संसार के यशस्वी करने के लिये भेजा है वैसे ही येशु ने हमे यशस्वी होने के लिये भेजा है।

येशु एक बेटा है और वे हम में रहते है। जैसे हम उन्हे अपनाते है हम भी बेटा/बेटी है। हमा हमारे स्वर्गीत पिता का मान रखेंगे। भगवान के परिवार मे एकता चाहेंगे। और भगवान का राज्य यशस्वी हो इसलिए काम करेंगे।

येशु का मंत्रीमंडल यशस्वी क्यों है ?

लूक ४:१४- (परीक्षा लेने के बाद) आत्मा के सामर्थ्य से सम्पत्र हो कर येशु गलील प्रदेश को लौटे और उनकी चर्चा आस पास के समस्त क्षेत्र में फैल गयी।

'पवित्र आत्मा ने येशु को यशस्वी होने की शक्ति दी है। येशु अपने शक्ती से नही तो इस आत्मा की शक्ति से अपना मंडल चलाते है। जब हम येशु को अपनाते है तो उनके मंडल चलाने के तरीके को भी नकल करते है। येशु लगातार इस पवित्र आत्मा पर आधारित रहते है। जबसे येशु इस पवित्र आत्मा पर आधारित रहते थे हमे और कितना चाहिए।'

येशु अपने मानने वालो से क्रॉस के सामने इस पवित्र आत्मा के बारे मे क्या वादा करते है ?

योहन १४:१६-१८- मैं पिता से प्रार्थना करूँगा और वह तुम्हें एक दूसरा सहायक प्रदान करेगा, जो सदा तुम्हारे साथ रहेगा। वह सत्य का आत्मा है, जिसे संसार ग्रहण नहीं कर सकता, क्योंकि वह उसे न तो देखता है और न जानता है। तुम उसे जानते हो, क्योंकि वह तुम्हारे साथ रहता है और तुम में रहेगा। मैं तुम को अनाथ नहीं छोड़ूंगा, मैं तुम्हारे पास आ रहा हूँ।

१. वे हमे पवित्र आत्मा देंगे।
२. यह पवित्र आत्मा हमारे साथ हमेशा रहेगा।
३. पवित्र आत्मा हम में ही रहेगा।
४. हम हमेशा भगवान के परिवार का हिस्सा रहेंगे। हम उसके परिवार का हिस्सा है क्योंकि पवित्र आत्मा हम में रहता है।

येशु अपने पुर्नजीवन के बाद इस पवित्र आत्मा के बारे मे अपने माननेवालों को क्या वादा करते है ?

प्रेरितों के कार्य १:८- ''किन्तु पवित्र आत्मा तुम पर उतरेगा और तुम्हें सामर्थ्य प्रदान करेगा और तुम यरूशलेम में, समस्त यहूदा और सामरी प्रदेशों में तथा पृथ्वी के अन्तिम छोर तक मेरे साक्षी होंगे।""

पवित्र आत्मा हमे तब शक्ती देंगे जब वे हम पर आएँगे।

पवित्र आत्मा के बारे में कौनसे चार आदेशों का पालन करना है ?

गलातियों ५:१६- मैं यह कहना चाहता हूँ, आप लोग पवित्र आत्मा की प्रेरणा के अनुसार चलेंगे तो शरीर की वासनाओं को तृप्त नहीं करेंगे।

आत्मा के साथ चलो

- एक प्रतिनिधी को चुनो। साथी आदमी-आदमी या औरत-औरत होने चाहिए। इस तरह किजीए जब आदमी और औरत को नाटक एक साथ करने मे बराबर हो। मै और मेरे साथी आपको भगवान के आत्मा के साथ चलने के कुछ सचे दिखाने वाले है। इस नाटक मे मैं मैही हूँ और मेरा साथी पवित्र आत्मा है। धार्मिक ग्रंथ (बायबल) बताता है कि आत्मा के साथ चलो।
- अपने साथी के साथ 'आत्मा के साथ चलो" करके दिखाइये। आपके साथी पवित्र आत्मा है। आप और आपके साथी खंदे से खंदा मिलाकर हाथो में हाथ डालकर एक साथ बाते करते चले। जब पवित्र आत्मा कही और जाना चाहे तो उसके साथ कोशिश करो।

अपने साथी के साथ ही रहो क्योंकि पवित्र आत्मा हमे कभी छोडता नही प्रयत्न करना पडता है क्योंकि वो एक रास्ते जाता है और तुम दुसरे रास्ते।

हमे अपनी इच्छा से नही तो पवित्र आत्मा की इच्छा से उसी रास्ते पर चलना है। कभी-कभी हमे हमारी दिशासे जाना होता है तभी धार्मिक मुश्किले आती है। और हमारे दिल में दुविधा होती है। आत्मा के साथ चलो।

🖐 ' चलो"- हाथों की उँगलियों पर।

इफिसियों ४:३०- परमेश्वर ने विमोचन - दिवस के लिए आप लोगों पर पवित्र आत्मा की मुहर लगायी है। आप परमेश्वर के उस पवित्र आत्मा को दु:ख नहीं दे।

आत्मा को दुखी मत करो

बायबल कहता है आत्मा को दुखी मत करो। पवित्र आत्मा को भावना है और हम उसे दुखी कर सकते है। अपने पवित्र आत्मा (साथी) के साथ चलो और दल के किसी के बारे में बाते करना चालू करो। जब तुम ये करोगे पवित्र आत्मा दुखी होने लगेगा। किसी अन्य प्रशिक्षार्थी से लडाई करने का ढोंग करो, पवित्र आत्मा वापस दुखी होगा। आप अपना जीवन कैसे जीते है उसके बारे में सावधान रहे क्योंकि पवित्र आत्मा हम मे है और दुखी भी हो सकता है। हम पवित्र आत्मा को अपने कर्मो से या बोलने से दुखी कर सकते है। आत्मा को दुखी मत करो।

इफिसियों ५:१८- मदिरा पीकर मतवाले नहीं बनें, क्योंकि इससे विषय-बासना उत्पन्न होती है, बल्कि पवित्र आत्मा से परिपूर्ण हो जायें।

आँखे मलो जैसे के तुम रो रहे हो। अपने सिर को हिलाओ जैसे ना बोल रहे हो।

🖐 आत्मा से भरे रहो।

बायबल कहता है 'आत्मा से भरे रहो" इसका मतलब है की हमे आत्मा की जरुर है अपने जीवन और दिन के हर एक भाग में। जब हम येशु को अपनाते है हम पवित्र आत्मा को भी अपनाते जो इस धरती पर है। ज्यादा पवित्र आत्मा लेना संभव नहीं है। पर ये पवित्र आत्मा के लिए संभव है की वे हमसे ज्यादा ले सकती है। हम हर दिन चून सकते है कि कैसे वो हमारे जीवन को भर सकते है। ये आदेश उसके लिए है कि वो हमारे जीवन के हर हिस्से को भर दे। हमेशा आत्मा से भरे रहो।

बहने की क्रिया अपने दोनो हाथो से करे, पैर से लेकर सिर तक।

१ थिस्सलुनीकियों ५:१९- आत्मा की प्रेरणा का दमन नहीं करें।

अपने आत्मा को मत बुझने दो।

बायबल कहता है आत्मा को मत बुझने दो। इसका मतलब है कि हमे कभी आत्मा के काम को अपने जीवन में कभी रोकना नही चाहिए।

- पवित्र आत्मा (साथी) के साथ चलो और दल को कहो की पवित्र आत्मा को किसी एक प्रशिक्षार्थी का साक्षी बनना है। साक्षी बनने से मना करो, कुछ बहाना बना दो, और अपने रास्ते पर चलते रहो। पवित्र आत्मा तुम्हे किसी बीमार आदमी के लिए प्रार्थना करने के लिए कहेगा लेकिन तुम मना कर दो, बहाना बना दो और दुसरी दीशा में चले जाओ। हम हमेशा बहाना बनाकर भगवान के काम को छुपा देते है। पवित्र आत्मा को अपनाने के बजाय वही करते है जो हम चाहते है। हमे क्या नही करना चाहिए और नही बोलना चाहिए उससे हम पवित्र आत्मा को बुझा सकते है। ये पवित्र आत्मा की आग को अपने जीवन से निकालने जैसा है। आत्मा को मत बुझने दो।

दाई पहली उँगली मोमबत्ती की तरह पकडो ऐसे करो जैसे की आप जला रहे हो। अपना सिर 'ना" की तरह दिलाओ। कविता...

योहन ७:३८- ''जो मुझ में विश्वास करता है, वह अपनी प्यास बुझाये। जैसा कि धर्मग्रन्थ का कथन है: 'उसके अन्तस्तल से संजीवन - जल की नदियाँ बह निकलेंगी।'''

- सभी साथ मे खड़े होकर कविता दस बार साथ मे बोले। पहली छः बार प्रशिक्षार्थी अपने बायबल या नोटस् का इस्तेमाल कर सकते है। आखिरी चार बार उन्हें यह कविता याद करके बोलनी है। प्रशिक्षार्थी को हमेशा।. कविता बोलने से पहले उसका संबंध बताना है और खत्म होने के बाद बैठना है।
- सिखाने वालों को इससे यह जानने मे मदद मिलेगी की किसने यह पाठ अभ्यास सत्र के दौरान पूरा किया है।

अभ्यास:

प्रशिक्षार्थीयों को इस सत्र के लिए अपने प्रार्थना साथी के सामने बैठने के लिए कहिए। साथी बारी-बारी एकदुसरे को पढ़ाएँगे। जोडी में इस मिलने के स्थान से जो ज्यादा दूर रहता है वह नेता बनेगा।

- प्रशिक्षण प्रशिक्षार्थी कार्यक्रम पेज नं. २१ को अपनाए।
- ये तय किजीए की आपको सबकुछ उन्हे इस अभ्यास सत्र के दौरान कैसे सिखाना है जैसे मैने आपके साथ किया था। सवाल पूछो, धर्मग्रंथ साथ में पढ़ो, सवालो के जवाब दो जैसे मैने आपको दिए थे। प्रशिक्षार्थियों को एकदूसरे के साथ प्रशिक्षण का अभ्यास होने के बाद उन्हे नया साथी ढूंढ कर वापस अभ्यास करने के लिए कहीए।
- प्रशिक्षार्थियों को एक ऐसे व्यक्ति के बारे मे सोचने के लिए जिसके साथ वह यह पाठ की चर्चा कर सकते है और जो इस प्रशिक्षण के बाहर का हो। ऐसे व्यक्ती का नाम सोचने के लिए कुछ वक्त लिजीए। उसका नाम इस पाठ के पहले पन्ने पर ऊपर लिखिए।

समाप्ति:

यह एक मंत्रीमंडल का आशयपूर्ण वक्त है। तुम्हे अगर वक्त कम पड रहा है तो तुम इसे अगले पाठ के शुरुवात में कर सकते हो या दुसरे वक्त कर सकते हो। तुम इस भाग को अपने दल के चाहने पर भक्ति के वक्त पर भी कर सकते हो। जभी शाम के वक्त चर्चासत्र के लिए बैठक होती है।

येशु यही है।

इब्रानियों १३:८- येशु मसीह एकरूप रहते हैं - कल, आज और अनन्त काल तक।

मत्ती १५:३०-३१- भीड़- की - भीड़ उनके पास आने लगी। वे लँगडे, अन्धे, लूले, गुँगे और बहुत-से दूसरे रोगियों को अपने साथ लाये थे। उन्होंने उनको येशो के चरणों में रख दिया और येशु ने उन्हें स्वस्थ कर दिया। जनसमूह ने देखा कि गूँगे बोल रहे है, लूले भले-चंगे हो रहे हैं, लँगड़े चल रहे है और अन्धे देखने लगे हैं। वे बड़े अचम्भे में पड़ गये और उन्होंने इस्त्राएल के परमेश्वर की स्तुति की।

येहन १०:१०- इब्रानियों १३:८ मे, मत्ती १५:३०-३१ मे, येहन १०:१० मे ''चोर केवल चुराने, मारने और नष्ट करने आता है। मैं इसलिए आया हूँ कि वे जीवन प्राप्त करे - बल्कि प्रचुरता से जीवन प्राप्त करें।

हमे पता है कि येशु अभी हमारे साथ है। अगर आपके जीवन में ऐसा भाग है जिसे भरना है अच्छा करना है तो वे अभी करना चाहते है जैसे उन्होंने मॅथ्यु १५ मे किया था। सैतान तुम्हे मारना चाहता है तुमसे जीवन चुराना चाहता है लेकीन येशु तुम्हे भरपूर जीवन देना चाहते है। हो सकता है तुम किसी के साथ धर्म से जुडे हुए हो मॅथ्यु के १५:३० में

तुम्हारा येशु के साथ चलना शक्तिपूर्ण है या सैतान ने तुम्हे अपाहीज किया है?

येशु यही है। उनसे पूछो और तुम्हे मजबूत बनाएँगे फिर तुम उनके साथ वापस चल सकते हो। क्या तुम्हे पता है भगवान कहाँ काम करते है? या सैतान ने तुम्हे निरुत्साह से अंधा कर दिया है? अपनी आँखो को ढको येशु यही है। वे उनसे पुछो और वे तुम्हे भर देंगे। मजबूत करेंगे ताकी वापस तुम देख सको। कहाँ काम करते है। क्या तुम येशु के बारे मे अच्छी बाते अपने आजूबाजू के लोगों को बताते हो या चुप रहते हो? ''अपना मुँह ढको'' येशु यही है। उनसे पूछो वे आपको मजबूत करेंगे ताकी तुम उनके बारे में दुसरों को बिना डर के बोल सके। क्या तुम दुसरों को मदद करते हो या सैतान ने तुम्हें दुसरों को कुछ न देने के लिए जखमी किया है। अपने बाहू पकडो जैसे के वे जखमी है। येशु यही है। उनसे कहो और वे तुम्हे भर देंगे ताकी तुम अपना अतित अपने पीछे छोडे और उनके साथ वापस चल सको। क्या तुम्हारे जीवन में कुछ मुश्किल है जो तुम्हे येशु को दिल से अपनाने से दूर रखती है? तुम्हारे जो भी कुछ मुसीबते है, येशु यही है और वे तुम्हे मजबूर कर सकते है। येशु को पुकारो वे तुम्हे भर देंगे और भगवान के लिए खुशियाँ लाओ। साथियों को एक दूसरे के लिए प्रार्थना करने को कहो। येशु से कहो की उन्हे मजबूत करे ताकी वे पूरे दिल से येशु को अपना सके।

७

जाओ

जाना येशु को माँगनेवाले की तरह परिचित कराता है। माँगनेवाला नई जगह, लापता लोग और नई.... ढूँढता है। येशु कैसे तय करते है की कहाँ जाना है और मंडल चलाना है। वे खुद कुछ नही करते। वे देखते है की भगवान कहाँ काम करते है, वे भगवान से जुड जाते है और उन्हे पता है कि भगवान उनसे प्यार करते है और भगवान उन्हे दिखा देंगे, हम ये कैसे तय करे की हमे कहाँ सिखाना है? ऐसा ही जैसे येशु ने किया था। भगवान कहाँ काम करते है? वे गरीब, दु:खी बीमार लोगों के बीच काम करते है। भगवान के काम करने की दुसरी जगह अपना परिवार है। वे अपने पुरे परिवार को बचाना चाहते है। प्रशिक्षार्थी लोगों को देखते है और उन्हें वहाँ डालते है जहाँ भगवान काम कर रहे है अपने २९ नक्शे के नाटक पर

सराहना

- प्रभु की उपस्थिति और आशीर्वाद के लिये किसी को प्रार्थना करने कहीये।
- दो समूहगान या गीत साथ मिलकर गाओ। प्रार्थना. विद्यार्थीयों को जोड़ी में किसीके साथ स्थिर किजीये जिन के साथ वे पहले साथी नहीं थे।
- हर एक विद्यार्थी अपने साथी के साथ निम्नलिखित प्रश्नों के उत्तर बाँटे:

- प्रश्न १. हम कैसे प्रार्थना करे खोये हुए लोगो के लिये जिन्हे आप जानते हो बचाये जाने के लिये ?

    २. हम कैसे प्रार्थना कर सकते है जुथ के लिये जिसे आप प्रशिक्षण देते हो ?

- अगर साथी ने किसीको प्रशिक्षण देना शुरू नहीं किया है, तो सम्भावित लोग जो उनके कार्य के प्रभाव में है, प्रार्थना किजीये की वे प्रशिक्षण देना शुरु कर सके। साथी साथ मिलकर प्रार्थना करे।
- कौन से आठ चित्र है जो येशु को अपनाने में मदद करते है।
- सैनिक, माँगनेवाला, चरवाहा, बीज बानेवाला, बेटा, संत, नौकर, सेवा करनेवाला, बहुगुणी।

प्रेम

चरवाहा कौनसी तीन चीजे करता है ?
दुसरो को सिखाने के लिए कौनसा मुख्य आदेश है ?
प्यार कहाँ से आता है ?
साधी पूजा क्या है ?
हमे पूजा क्यों करनी चाहिए ?
कितने लोग ये पूजा करने को लेते है ?

प्रार्थना-

कौनसी तीन चीजे है जो संत करता है ?
हम प्रार्थना कैसे करे ?
भगवान हमे कैसे जवाब देते है ?
भगवान का फोन नंबर कौनसा है ?

आज्ञा मानो —

कौनसी तीन चीजें नौकर करता है?
किसे सबसे ज्यादा अधिकार है?
कौनसे चार आदेश येशु अपने माननेवालों को देते है?
हम येशु की आज्ञा कैसे माने?
येशु हमे क्या वचन देते है?

अभ्यास

समीक्षा

हर समीक्षा सत्र एक जैसा होगा। प्रशिक्षार्थीयां को खडे होकर पहले के पाठ याद करने के लिए कहे। ये भी देखे की वे हाथ की मुद्राएँ भी करे।

हर एक समीक्षा कार्यकाल समान है। विद्यार्थीयों को खडे रहने कहीये और पहिले का सीखा हुआ पाठ पढ़े। निश्चित कीजीये की वे हाथ की चेष्ठा भी करें। पीछले चार पाठ का पुर्ननिरीक्षण करें।

चलिये

बेटा कौन सी तीन चीज करता है?
येशु की सेवा में शक्ति का मूल कारण क्या है?
येशु ने क्रूस से पहले पवित्र आत्मा के बारे में माननेवालो को क्या वचन दिया?
येशुने अपने पुनरुत्थान के बाद पवित्र आत्मा के बारे मे माननेवालो को क्या वचन दिया?
पवित्र आत्मा के बारे मे अनुकरण करने क्या चार आदेश है?
येशु किस प्रकार का है?

लूक १९:१०- ''जो खो गया था, उसी को ढूंढने और बचाने के लिए मानव - पुत्र आया है।""

(एनएएसबी)

''येशु खोजनेवाला है। उन्होंने खोये हुए लोगो को ढूँढा। उन्होंने प्रभु की इच्छा और प्रभु के साम्राज्य को उनके जीवन में पहली बार ढूँढा।""

खोजनेवाला हाथ से आँखो के ऊपर पीछे और आगे देखो।

कौन सी तीन चीजे खोजनेवाला करता है? —

मारकुस १:३७, ३८- और उन्हें पाते ही यह बोले, ''सब लोग आप को ढूँढ रहे हैं।"" येशु ने उन्हें उत्तर दिया, ''आओ, हम आसपास के अन्य कस्बों में चलें। मुझे वहाँ भी संदेश सुनाना है, क्योंकि इसीलिए तो मैं आया हूँ।""

१. खोजनेवालों को नयी जगह ढूँढना अच्छा लगता है।
२. खोजनेवालों को खोये हुए लोग ढूँढना अच्छा लगता है।
३. खोजनेवालो को नए मौके ढूँढना अच्छा लगता है।

''यीशु खोजनेवाले है और हमारे अन्दर रहते है। जैसे ही हम उनका अनुकरण करते है, हम भी खोजनेवाले हो जाएगें। येशु कैसे निर्णय लेते है की कहाँ सेवा करनी है?

योहन ५:१९, २०- येशु ने उन धर्मगुरुओं से कहा, ''मैं तुम से सच-सच कहता हूँ; पुत्र स्वर्य अपने से कुछ नहीं कर सकता। वह केवल वही कर सकता है, जो पिता को करते हुए देखता है। जैसा पिता करता है, ठीक वैसा ही पुत्र भी करता है; क्योंकि पिता पुत्र को प्यार करता

है और वह स्वयं जो कुछ करता है, उसे पुत्र को दिखाता है। वह उसे और महान् कार्य दिखायेगा, जिन्हें देख कर तुम लोग आश्चर्य में पड़ जाओगे।(एनएलटी)

''येशु ने कहा, ''मैं स्वयं से कुछ भी नहीं करता हूँ।"" " एक हाथ अपने मन पर रखीये और मस्तक हिलाइये 'नही" ।

येशु ने कहा 'मैं देखने दृष्टि करता हूँ की परमेश्वर कहा काम कर रहे है।"" एक हाथ आँखो के ऊपर रखीये और दायें और बायें देखिये।

येशु ने कहा, ''वे जहाँ काम करते है, मैं वहाँ उनसे जुड जाता हूँ।" अपने आगे हाथ का निर्देश करे और सिर हाँ मे हिलाइये।

येशु कहा, 'और मैं जानता हूँ वे मुझे प्रेम करते है और मुझे दिखायेंगे।" सराहना में हाथ ऊपर उठाइये और फिर अपने मन पर (क्रोस) उनको आड़ा किजीये।

हम कैसे निश्चय करे कि कहा सेवा करनी है?...

१ योहन २:५, ६- परन्तु जो उसके वचन का पालन करता है, उस में सचमुच परमेश्वर का प्रेम परिपूर्णता तक पहुँचता है हम परमेश्वर में है, इसका यह प्रमाण है, जो व्यक्ति कहता है कि मैं उसमे निवास करता हूँ, उसे वैसा ही आचरण करना चाहिए, जैसा आचरण मसीह ने किया।

''हम निश्चय कर सकते कहाँ सेवा करनी है पैसे ही जैसे येशुने किया:

''में स्वयं से कुछ नहीं करता। 9" एक हाथ मन पर रखे और मस्तक हिलाइयें 'नही" ।

''मैं देखने दृष्टि करता हूँ कि परमेश्वर कहाँ काम कर रहे है।""

एक हाथ आँखो के ऊपर रखो; ढूँढो बायें और दायें।

"वे जहाँ काम करते है, मैं उनसे जुड़ जाऊँगा।"

अपने आगे हाथ का निर्देश करे और सिर हाँ में हिलाइयें।

"और मैं जानता हूँ वे मुझे प्रेम करते है और मुझे दिखायेंगे।"

सराहना में हाथ ऊपर उडाइये और फिर अपने मन पर उनको क्रोस किजीये।

हम कैसे जानेंगे कि परमेश्वर काम कर रहे है ?

योहन ६:४४- जब तक पिता, जिसने मुझे भेजा है, आकर्षित न करे, कोई मेरे पास नही आ सकता है; और मैं उसे अंतिम दिन पुनर्जीवित कर दूँगा।

"अगर कोई येशु के बारे में ज्यादा सीखने में रूचिकर है, तो आप जानेंगे परमेश्वर काम कर रहे है।

यूहन्ना ६:४४ कहता है कि सिर्फ प्रभु की लोगो को उनके पास ला सकते है। हम प्रश्न पूछते है, आध्यात्मिक बीज बोते है, और देखते है अगर वहाँ कोई जवाब है। अगर वे प्रतिसाद (जवाब) देते है, हम जानते है कि प्रभु काम कर रहे है।"

येशु कहाँ काम करते है ?

लूक ४:१८-१९- "प्रभु का आत्मा मुझ पर है, क्योंकि उसने मेरा अभिषेक किया है कि मैं गरीबों को शुभ-समाचार सुनाऊँ, उसने मुझे

भेजा है जिससे मैं बन्दियों को मुक्ति का और अन्धों को दृष्टि- प्राप्ति का सन्देश दूँ, मैं दलितें को स्वतन्त्र करूँ और प्रभु के अनुग्रह का वर्ष घोषित करूँ।"" (एनएएसबी)

१. गरीब
२. बन्दी
३. बीमार (अंध)
४. दबाया हुआ

''येशु ने सेवा की और करते है इस प्रकार के लोगो की। यह स्मरण रखना महत्वपूर्ण है; कैसे भी, कि उन्होने हर गरीब या हर दबाये हुओ की सेवा नहीं की। हमारे अपने प्रयत्न में, हमे सबकी सहाय करनी है। येशु ने देखने के लिये दृष्टि की जहाँ पिता काम कर रहे थे और उनके साथ जुड़ गए। हमे भी वहीं करने की आवश्यकता है। अगर हम हरएक दबाये हुए व्यक्ति की सेवा करने का प्रयत्न करते है, ये निश्चय चिन्ह है कि हम अपने आप ये सब करने का प्रयत्न कर रहे है।""

दूसरी जगह कहाँ है जहाँ येशु काम करते है?

''क्या आप जानते हो कि प्रभु आपके पूरे परिवार से प्रेम करते है? ये उनकी इच्छा है कि वे सब बयाचे जाये और अनंतता उनके साथ बिताये। वहाँ पर बाइबल में बहुत से द्रष्टांत है जब प्रभु ने पूरे परिवार को बचाया था। 9"

दुष्टात्माग्रस्त व्यक्ति-मरकुस ५

''दुष्टात्मा ग्रस्त व्यक्ति मौलिकरूप से बदल गया था। उसे येशु के साथ जाना था, परन्तु येशु ने उसे अपने परिवार के पास लौटने को कहा और उसको जो हुआ वो कहने को कहा। आसपास के गाँव के बहुत से लोग आश्चर्यचकित

हो गए जो येशु ने किया उसके लिये। जब प्रभु एक व्यक्ति को बचाते है, उन्हे उनके आस पास के दूसरे बहुतो को भी बचाना होता है।""

कुरनेलियुस - प्रेरितो १०

"प्रभु ने पतरस से कहा जाकर कुरनेलियुस से बात करने को। जब पतरस बोला, पवित्र आत्मा ने कुरनेलियुस और सभी जिसने वो संदेश सुना था भर दिया। कुरनेलियुस ने विश्वास किया और दूसरे जो उसके आसपास थे उन्होंने भी विश्वास किया।

फिलिप्पी में दरोगा प्रेरितो १६

"पौलुस और सीलास बन्दीग्रह में ही रहे, भूकंप के कारण बन्दीगृह के द्वार खुल्ले हो जाने के बाद भी। दरोगा ये देखकर आश्चर्यचकित हो गया और प्रभु येशु पर विश्वास किया। परमेश्वर ने उसके सारे घरवालों को बचाया, "विश्वास करना और प्रार्थना करना कभी भी छोड़ना नहीं कि आपके परिवार का हरएक बचाया जाएगा और अनंतता साथ मे बितायेंगे!""

यादगार पद —

योहन १२:२६- यदि कोई मेरी सेवा करना चाहता है, तो वह मेरा अनुसण करे। जहाँ मैं हूँ, वहीं मेरा सेवक भी होगा। यदि कोई मेरी सेवा करे, तो पिता उसका सम्मान करेगा। (एन एल टी)

- हर एक व्यक्ति खड़ा रहे और यादगार पद साथ मिलकर दस बार कहे। पहली ६ बार, विद्यार्थी उनकी बाइबल या विद्यार्थी टीप्पणी (नोट) इस्तेमाल करें। आखरी चार बार, वे पद याद करके कहे। विद्यार्थी को पद का संदर्भ हर बार पद कहने से पहले कहना है और जब वे पूरा कर ले तब बैह जाये।

- यह प्रशिक्षण देनेवाले को सहाय करेगा जानने कि किसने ‟अभ्यास‟‟ विभाग मे पाठ पूरा किया है।

अभ्यास.

- विद्यार्थीयो से कहिये उनके प्रार्थना के साथी के सामने मुँह करके बैठे इस सत्र के लिये। साथी एक दूसरे को पाठ सीखाने की बारी करे।
- ‟‟व्यक्ति सबसे ज्यादा भाई और बहनो के साथ जोडी में है वो नेता (आगेवान) है।‟‟ पृष्ठ २१ पर की ट्रेनींग ट्रेनर प्रोसेस का अनुकरण करो। दृढ कीजिये कि आप चाहते हो उन्हें ‟‟अभ्यास‟‟ विभाग मे सबकुछ उसी तरह सीखाने जैसे आपने किया।
- ‟‟प्रश्न पूछो, साथ मे मिलकर पवित्रशास्त्र पढ़ीये, और प्रश्न का उत्तर उसी प्रकार दीजिये जैसे मैने आपके साथ किया।‟‟ विद्यार्थीयों एक दूसरे को प्रशिक्षण देने का अभ्यास करने के बाद, उनसे नया साथी खोजकर फिर से अभ्यास करने के लिये कहा। विद्यार्थीयो से किसी के बारे में सोचने के लिये कहो जो यह पाठ बाँट सके प्रशिक्षण के बाहर।
- ‟‟कुछ पल ले सोचने किसी के बारे मे जिसे आप यह पाठ सीखा सकते हो इस प्रशिक्षण के बाहर। व्यक्ति का नाम इस पाठ के पहले पृष्ठ पर सबसे ऊपर लिखो।‟‟

समाप्ति:

प्रेरितो २९ का नक्शा पूर्ण करते हुए - भाग २ ‟‟आपके प्रेरितो २९ नक्शे पर, जहाँ यीशु काम कर रहे है उस जगह का चित्र बनाकर लेबर लगाइये। कम से कम पाँच जगह पहचानो जहाँ आप जानते हो यीशु काम करते है और हर जगह पर चिन्ह लगाइये। उस जगह प्रभु कैसे काम कर रहे है उसका लेबल लगाइये।‟‟

MY ACTS 29
N
E
W
sick people
school
family
my friend
RIVER
RIVER
Bible school
Poor people
Military Base
Football Field
Lake

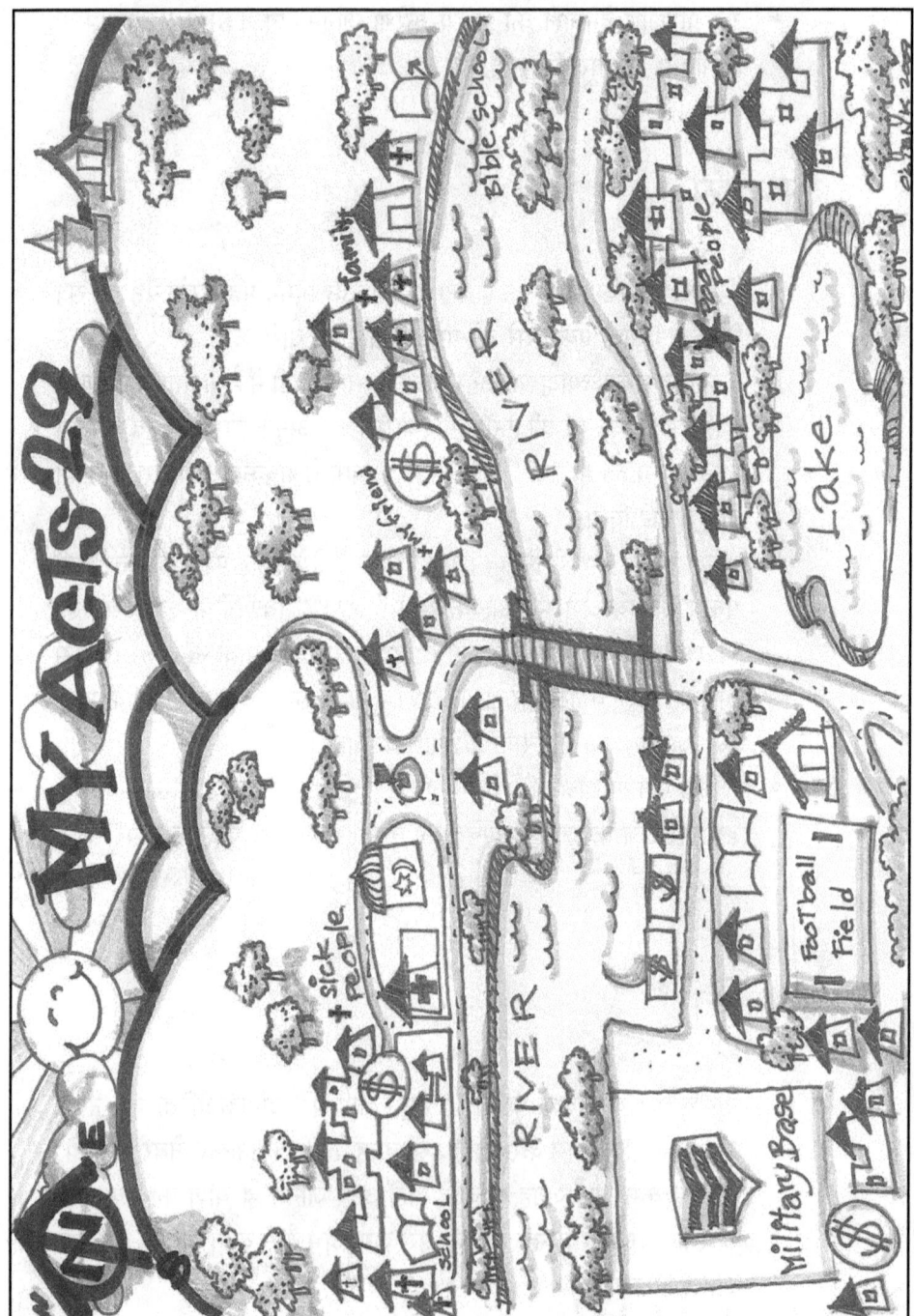

८

भाग

भाग यीशु की सैनिक की तरह परिचय कराये गये है: सैनिक दुश्मनो से लड़ता है, कठोर शारिरीक क्लेश दृढ करते है, और बन्दी को आजाद करते है।

यीशु सैनिक है; जब हम उनका अनुकरण करते है,

हम भी सैनिक होंगे।

जैसे ही हम परमेश्वर जहाँ काम करते है वहाँ प्रभु से जुड़ते है, हम आध्यात्मिक रणक्षेत्र का सामना करते है।

माननेवाले शैतान को कैसे हराये ?

हम उसे हराते है यीशु की क्रूस पर मृत्यु के द्वारा, हमारी गवाही बाँटते हुए, और हमारे विश्वास के लिये मरने से न डरते हुए।

शक्तिशाली गवाही समावेश करती है मेरे भुवन की कहानी मेरे यीशु से मिलने से पहले की, मैं यीशु से कैसे मिला, और यीशु के साथ चलने स मेरे भुवन में फर्क को।

गवाही

ज्यादा असरकारक है जब हम हमारी हिस्सेदारी को तीन से चार मिनट के लिये सिमित करे,

जब हम हमारी परिवर्तन की उम्र बाँटते नहीं (क्योंकि उम्र से कोई फर्क नहीं), और जब हम भाषा इस्तेमाल करते है अविश्वासी आसानी से समझ सकते है।

कार्य-काल विवाद के साथ पूरा होता है: कौन सबसे जल्दी ४० खोये हुए लोगो का नाम जिन्हे वे जानते है लिख सकते है। इनाम पहले, दूसरे और तीसरे स्थान के लिये देते है, परन्तु अन्त में सभी को इनाम मिलता है क्योंकि हम सब ''जीते हुए"" है जब हम जानते है हमारी गवाही कैसे देनी है।

सराहना

- प्रभु की उपस्थिति और आशीर्वाद के लिये किसी को प्रार्थना करने कहीये।
- दो समूहगान या गीत साथ मिलकर गाओ ।

प्रार्थना.

- विद्यार्थीयो को जोड़ी में किसीके साथ स्थिर किजीये जिन के साथ वे पहले साथी नहीं थे।
- हर एक विद्यार्थी अपने साथी के साथ निम्नलिखित प्रश्नो के उत्तर बाँटे:

१. हम कैसे प्रार्थना करे खोये हुए लोगो के लिये जिन्हे आप जानते हो बचाये जाने के लिये ?

२. हम कैसे प्रार्थना कर सकते है जुथ के लिये जिसे आप प्रशिक्षण देते हो ?

- अगर साथी ने किसीको प्रशिक्षण देना शुरू नही किया है, तो सम्भावित लोग जो उनके कार्य के प्रभाव में है, प्रार्थना किजीये की वे प्रशिक्षण देना शुरू कर सके। साथी साथ मिलकर प्रार्थना करे।

अभ्यास

समीक्षा

हर समीक्षा सत्र एक जैसा होगा। प्रशिक्षार्थीयां को खडे होकर पहले के पाठ याद करने के लिए कहे। ये भी देखे की वे हाथ की मुद्राएँ भी करे।

कौन से आठ चित्र है जो येशु को अपनाने में मदद करते है।

सैनिक, माँगनेवाला, चरवाहा, बीज बानेवाला, बेटा, संत, नौकर, सेवा करनेवाला, बहुगुणी।

प्रार्थना

संत जो तीन चीज करते है उसकी प्रार्थना करे?
हम कैसे प्रार्थना करें?
परमेश्वर हमें कैसे उत्तर देंगे?
परमेश्वर का फोन नंबर क्या है?

आज्ञा मानो

सेवक जो तीन चीज करता है उसको मानीये?
सर्वोतम अधिकार किस के पास है?
कौन से चार आदेश यीशु ने हर माननेवालों को दिये है?

हम यीशु की आज्ञा कैसे माने?
यीशु ने हर माननेवाले को क्या वचन दिया है?

चलिये

पुत्र कौन सी तीन चीज करता है?
यीशु की सेवा में शक्ति का मूल कारण क्या है?
यीशु ने क्रूस से पहले पवित्र आत्मा के बारे में माननेवालों को क्या वचन दिया?
कौन से चार आदेश है पवित्र आत्मा के बारे में अनुकरण करने?

जाओ

कौन सी तीन चीजे खोजनेवाला करता है?
यीशु कैसे निर्णय लेते है की कहाँ सेवा करनी है?
हम कैसे निर्णय करें कि कहाँ सेवा करनी है?
हम कैसे जान सकते है अगर प्रभु काम करते है?
यीसु कहाँ काम करते है?
कौन सी जगह है जहाँ यीशु काम करते है?

येशु कैसे है?

मत्ती २६:५३- क्या तुम यह समझते हो कि मैं अपने पिता से सहायता नहीं माँग सकता? क्या वह इसी क्षण मेरे लिए स्वर्गदूतों की बारह से भी अधिक सेवाएँ वही भेज देगा?" (सी इ वी)

"यीशु सैनिक है। वे स्वर्गदूतो की १२ सेना को उनके बचाव में बुला सकते है क्योंकि वे प्रभु की सेना के मुख्य सेनापति है। उन्होंने शेतान को आध्यात्मिक रणक्षेत्र मे कार्यरत किया और अन्त में क्रूस पर दुष्टात्मा को हराया।""

सैनिक

तलवार उठाइये।

कौन सी तीन चीजे सैनिक करता है?

मारकुस १:१२-१५- तुरन्त आत्मा ने येशु को निर्जन प्रदेश जाने को बाध्य किया। वह चालीस दिन निर्जन प्रदेश में रहे और शैतान ने उनकी परीक्षा ली। वह वन-पशुओं के साथ रहते थे और स्वर्गदूत उनकी सेवा-परिचर्या करते थे। योहन के गिरफ्तार ही जाने के बाद येशु गलील प्रदेश मे आए और यह कहते हुए परमेश्वर के शुभ-समाचार का प्रचार करने लगे, ''समय पूरा हो चुका है। परमेश्वर का राज्य निकट आ गया है। पश्चात्ताप करो और शुभ समाचार पर विश्वास करो।"" (सी ई वी)

१. सैनिक दुश्मनो से लड़ते है। ''यीशुने दुश्मनो से युद्ध किया और जीते।""
२. सैनिक कठोर शारीरिक क्लेश सहते है। ''यीशु जब संसार में थे उन्होंने बहुत चीजे सही।""
३. सैनिक बन्दी को आजाद करते है। 'यीशु का साम्राज्य लोगो को आजाद करने ाता था"।

''यीशु सैनिक है। वे प्रभु की सेना को आदेश करते है और शेतान को आध्यात्मिक रणक्षेत्र में कार्यरत करते है। यीशु ने हमारे लिये क्रूस पर विजय प्राप्त किया। जैसे यीशु हम में रहते है, हम भी जितनेवाले सैनिक होंगे। हम आध्यात्मिक लड़ाई लढेंगे, कठोर शारीरिक क्लेश सहेंगे हमारे सेनापति को खुश करने, और बन्दी को आजाद करने।""

हम शेतान को कैसे हराये ?

प्रकाशन १२:११- ''वे मेमने के रक्त के द्वारा और अपनी साक्षी के वचन के द्वारा शैतान पर विजयी हुए; क्योंकि उन्होंने अपने जीवन का मोह छोड़कर मृत्यु का स्वागत किया। (एन एल टी)

मेम्ने के लहू के द्वारा

''हम शेतान से विजय प्राप्त करते है यीशु के क्रूस पर लहू बहाने के कारण। हम उनके द्वारा विजेता से ज्यादा है और जो उन्होंने किया है।"" मेम्ने का लहू। आपके हाथो की मध्य अंगुलियों से हथेली की और निर्देश करे - कूस पर चढ़ाने के लिये चिन्हात्मक भाषा।

जैसे आप आध्यात्मिक रणक्षेत्र का सामना करते हो, याद रखिये कि यीशु ने क्रूस पर शेतान को हराया था! शैतान जब भी कभी यीशु को देखता है वो थर्राता, रोता और चिल्लाता है। वो यीशु से याचना करता है उसे अकेले छोड़ने के लिये।

''अच्छे समाचार ये है कि यीशु हमारे अन्दर रहते है। इसलिये, जब कभी शैतान हमारे अन्दर यीशु को देखता है, शैतान थर्राना और रोना शुरु करता है। वो छोटे बालक की तरह रोता है! शैतान हारा हुआ शत्रु है, यीशु ने जो क्रूस पर किया उसके कारण! यह कभी भी नहीं भूलना : चीजे चाहे कितनी भी मुश्किल हो, हम जीतेंगे! हम जीतेंगे! हम जीतेंगे!""

हमारी गवाही

''हम शैतान से जीत सकते है हमारी गवाही के शक्तिशाली शस्त्र के द्वारा। यीशु ने जो हमारे जीवन मे किया है उसकी हमारी गवाही के साथ कोई भी

विवाद नहीं कर सकता। हम ये शस्त्र कहीं भी और कभी भी इस्तेमाल कर सकते है।““

गवाही हाथो को मुँह के बाजु ऐसे लगाओ जैसे आप किसी के साथ बात कर रहे हो।

मरने से मत डरो

‘‘प्रभु के साथ हमारी अनंतता सुरक्षित है। उनके साथ होना बेहतर है; यहाँ होने के लिये सुसमाचार का प्रचार आवश्यक है। हम हार नहीं !““ मरने से मत डरो कलाइयों को साथ में रर्खा, जैसे जंजीर में होता है। शक्तिशाली गवाही की रूपरेखा क्या है? मेरा जीवन यीशु से मिलने से पहले आपके आगे बायीं और निर्देश करो। ‘‘आप माननेवाले बनने से पहले आपका जीवन क्या था उसका वर्णन किजीये। अगर आप मसीहो घर में बड़े हुए हो, नमाननेवाले यह सुनना रूचिकर जानते है कि मसीही घर कैसा होता है।““

मैं यीशु से कैसे मिला

कैसे आपके सामने केन्द्र में निर्देश करें।

‘‘आप कैसे यीशु मे विश्वास करने आये और उनका अनुकरण किया उसका वर्णन करों।““

मेरा जीवन जब से मैं यीशु को मिला

अपनी दायीं ओर फिरो और हाथ ऊपर और नीचे हिलाइये।

"वर्णन करो आपका जबसे परिवर्तन है, यीशु का अनुकरण करना क्या है और उनके साथ आपका संबंध आपके लिये कितना अर्थपूर्ण है।""

सरल प्रश्न पूछो ''आपकी गवाही के अन्त में, व्यक्ति से पूछो, 'आपको यीशु का अनुकरण करने के बारे में ज्यादा सुनना पसंद है? 'प्रभु का कार्य क्या है?

प्रश्न।""

आपके मंदिर की ओर निर्देश करो- जैसे आप प्रश्न के बारे में सोचते हो।

"अगर वे 'हाँ" करते है, आप जानते हो कि प्रभु इस हालात मे काम कर रहे है। सिर्फ प्रभु अकेले ही है जो लोगो को अपनी स्वयं की ओर खींचते है। इस समय पर, उनके साथ यीशु का अनुकरण करने के बारे में ज्यादा बाँटो।

"आगर वे 'ना" कहते है प्रभु काम करते है, परन्तु वे उन्हें प्रतिभाव देने तैयार नहीं है। उनसे पूछिये अगर आप उनके लिये आशीर्वाद की प्रार्थना कर सकते हो, ऐसा करो और अपनी रास्ते पर चलते रहो।"" कुछ महत्वपूर्ण मार्गदर्शन क्या है अनुकरण करने?

आपकी प्राथमिक गवाही को तीन से चार मिनट तक सिमित रखे

"इस संसार में बहुत से खोये हुए लोग है; आपकी प्राथमिक गवाही सिमित करने से आपको सहाय होगी देखने की कौन प्रतिभाव दे रहा है और कौन नही। सबसे ऊपर, पवित्रआत्मा का आगे बढ़ना अनुकरण करो। नये माननेवाले ज्यादा आरामदायक महसूस करते है तीन से चार मीनट बाँटने के विचार से और तीन या चार घंटे नही!"" जब आप माननेराले बने तब कितने वर्ष थे वो मत कहीये

‘‘आपकी उम्र जब आप यीशु के अनुकरण करनेवाले बनते हो तब को महत्व नही रखता

परन्तु वो नमाननेवालो को गलत संदेशा दे सकता है जब आप अपनी गवाही बाँटते हो। अगर वे आपसे उम्र मे बड़े है जब आप माननेवाले बने थे, वे शायद सोचे कि उन्होने मौका खो दिया है। बाइबल कहता है आज मुक्ति का दिन है। परिवर्तन पर आपकी उम्र कटना आमतौर पर हालात को सिर्फ व्याकुल करती है।““

‘‘लोगों का माननेवाला बनने के बाद चाहे थोडे ही समय के लिये, वो भाषा उड़ाना शुरू करते है जो दूसरे मसीही इस्तेमाल करते है।

वाक्य खण्डजैसे ‘मेम्ने के लहू में शुद्ध किया हुआ“ या ‘‘कलीसिया के एक भाग से नीचे चले जाना“ या ‘मैंने प्रचारक से बात की,“ नमाननेवालों को विदेशी भाषा लगती है। हम जैसे शक्य हो थोड़ी मसीही भाषा इस्तेमाल करते है, ताकि वे जिनके साथ हम हमारी गवाही बांटते है वे जितना हो सके स्पष्टता से सुसमाचार समझ सके।““

यादगार पद

१ कुरिन्थियों १५:३, ४- मैंने आप लोगों को सबसे पहले वह विश्वास सौंप दिया जो मुझे प्राप्त हुआ था, अर्थात् धर्मग्रन्थ के अनुसार मसीह हमारे पापों के लिए मरे वह कबर में रखे गए औरधर्मग्रन्थ के अनुसार तीसरे दिन जी उठे।

हर एक व्यक्ति खडा रहे और यादगार पद साथ मिलकर दस बार कहे। पहली छ बार, विद्यार्थी उनकी बाइबल या विद्यार्थी टीप्पणी इस्तेमाल करें। आखरी चार बार, वे पद याद करके कहे। विद्यार्थी को पद का संदर्भ हर बार पद कहने से पहले कहना है और जब वे पूरा कर ले तब बैठ जाये।

अभ्यास

- विद्यार्थीयों को घोषणा किजीये कि आप चाहते हो जो रूपरेखा दी है उसका इस्तेमाल करके उनकी गवाही उनकी किताब में लिखे।
- उनसे कहिये उनके पास ये करने के लिये १० मिनट है, विद्यार्थीयों को अपनी पेन नीचे रखने को कहो। उनसे कहो कि आप उन में से किसीको उसकी गवाही जुथ को देने बुलानेवाले हो। कुछ क्षण रूकिये। फिर, घोषणा किजीये की आप अपनी गवाही जुथ को देनेवाले हो। वहाँ पर बड़ी साँस होगी सहायता की!
- आपकी गवाही रूपरेखा और मार्गदर्शन का इस्तेमाल करके बाँटो। आपकी गवाही के अंत में, रूपरेखा और मागदर्शन से क्रमानुसार जाओ, विद्यार्थीये को पूछते हुए अगर आपने अपनी गवाही ठीक से दी है।
- इस पाठ के ''अभ्यास'''' भाग के दौरान, आप विद्यार्थीयों के समय के लिये घड़ी का इस्तेमाल करेंगे। क्या विद्यार्थी जोड़ी में बाँटे गये है और उनसे कहाँ उन हर एक के पास उनकी गवाही देने तीन मिनट होंगे। ''सबसे ऊँचा बोलनेवाला व्यक्ति आगेवान होगा, व्यक्ति जो पहले जाता है।''''
- जोडी के पहले आदमी को समय दो, और कहो, ''रूको'''' तीन मिनट के समय के मार्क पर। विद्यार्थी से पूछो कि उनके साथीने रूपरेखा का अनुकरण किया और शक्तिशाली गवाही के लिये चार मार्गदर्शनो का इस्तेमाल किया। फिर, दूसरे आदमी उस जोड़ी में, उससे कहो उसकी गवाही तीन मिनट के लिये बाँटे। फिर से, विद्यार्थीयो से उनके मंतव्य के लिये पूछो।

- जब दोनो साथीयोंने बाँटा, विद्यार्थीयों को नया साथी ढूँढने के लिये निर्देश करे, निश्चित करे किसका आवाज सबसे ऊँचा है, और उनकी गवाही बांटने का फिर से अभ्यास करे। जूथ को जोड़ी में कम से कम चार बार बांटने का प्रयत्न करो।
- एक दूसरे को पाठ पढ़ाने के बाद, विद्यार्थीयो से कहो किसी के बारे में सोचने जीसके साथ व यह पाठ बाँटिगे प्रशिक्षण के बाद। उन्हे पाठ के पहले पन्ने के ऊपरी हिस्से मे आदमी का नाम लिखने कहो।

नमक और शक्कर. ०२

इस द्रष्टांत का इस्तेमाल करो मंतव्य समय के दौरान दृढ करने कि यह कितना महत्वपूर्ण है मन से बाँटना।

> ''ताजा, पका हुआ फल हमेशा स्वादिष्ट होता है! यह मीठा है और आपका मुँह आनंद से भर देता है।"" मैं अननस के बारे मे सोचता हूँ, पीला और मीठा, इससे मेरे मुँह में पानी आता है।
>
> ''मैं जानता हूँ तरीका आप फल को और ज्यादा स्वादि्‌ट बना सकते हो, हालांकि! थोड़ी शक्कर डालो या मिर्च। हमम...! फिर वो सच में स्वादिष्ट है! मैं इसे अभी ही चख सकता हूँ!"" इसी तरह, जब कभी आप पाठ सीखाते हो या सुसमाचार बाँटते हो, प्रभु के शब्द हमेशा अच्छे है, फल की तरह। हम चखना चाहिते और देखना चाहिये की प्रभु अच्छे है। कैसे भी, जब आप अपना मन भावनाओं के साथ बाँटते हो, वो शक्कर, नमक या मिर्च फल मे मिलाने के समान है। वो इसे खासतौर से स्वादिष्ट बनाता है!

''इसलिये, आप अपने साथी के साथ यह अगली बार बांटते हो, मैं चाहता हूँ आप जो कहे उसमें बहुत सा नमक, शक्कर या मिर्च मिलाओ।""

अन्त कौन सबसे तेज चालीस खोये लोगो की सूचि बना सकता है?

ँसमाप्ति:

- ँहर एक व्यक्ति को उनकी किताब निकाल कर एक से ४० (चालीस) क्रम लिखने को कहो। ''हम स्पर्धा रखने वाले है। हम पहले, दूसरे और तीसरे स्थान को इनाम देनेवाले है।""
- ँहरएक से कहो कि जब आप कहो, ''गो।"" (जाओ) उन्हें लिखने है ४० अविश्वासुओं के नाम जिन्हे वो जानते है। अगर वे उनका नाम स्मरण नहीं कर सकते, वे ऐसा कुछ लिख सकते है जैसे ''हजाम"" या ''पोस्टमेन।"" निश्चित किजीये कि आपके गो कहने से पहले कोई भी लिखना शुरू न करें।
- ँकुछ लोग उत्सुक होंगे लिखने जब आप निर्देश देते हो। ये विद्यार्थीयों को उनकी पेन हवा में ऊपर उड़ाने के लिये सहाय करता है जब आप सूचना देते हो।
- ँस्पर्धा शुरू करो और जब आदमीयो ने अपनी सूचि पूरी की हो उन्हे खडे रहने दो। पहले, दूसरे और तीसरे स्थान को इनाम दो। ''वहाँ पर दो कारण माननेवाले देते है कि वे उनका विश्वास नहीं बाँट सकते: उन्हें पता नहीं कैसे, और उन्हें पता नहीं किसके साथ सुसमाचार बाँटे। इस पाठ में, हमने दोनो परेशानी सुलझा ली है। आप अब जानते हो सुसमाचार कैसे बाँटे और लोगो की सूचि है जिसके साथ आप बांट सकते हो।""
- ँविद्यार्थीयों से उनकी सूचि में से पांच लोगो के सामने स्टार निशान लगाने के लिये कहो जिन के साथ वे अपनी गवाही बाँटेंगे। अगले हफ्ते के दौरान उन्हे यह करने के लिये प्रोत्साहित कीजिये। ''अपने हाथ की ओर देखो। आपकी पांच अंगुलिया आपको याद करा सकती है पांच खोये हुए लोगो की जिन के लिये आप हर रोज प्रार्थना कर सकते हो। जब आप डीश धोते हो, लिखते

हो, या कम्प्युटर पर टायपींग करते हो, आपके हाथ की पांच अंगुलियो को आपको याद कराने दीजिये प्रार्थना करने।"" विद्यार्थीयों से कहो जोर से प्रार्थना करने जुथ की तरह खोये हुए लोगो के लिये जो उनकी सूचि में है।

- ँप्रार्थना समय के बाद, कहते हुए, ''अब हम सब विजेता है क्योंकि हम जानते है सुसमाचार कैसे बांटना है और हमारे जीवन मे किस के साथ बाँटना है।""

MY ACTS 29
N
E
W
sick people
school
my friend
family
RIVER
RIVER
Bible school
Military Base
Football Field
Lake
Poor People
People to share gospel with

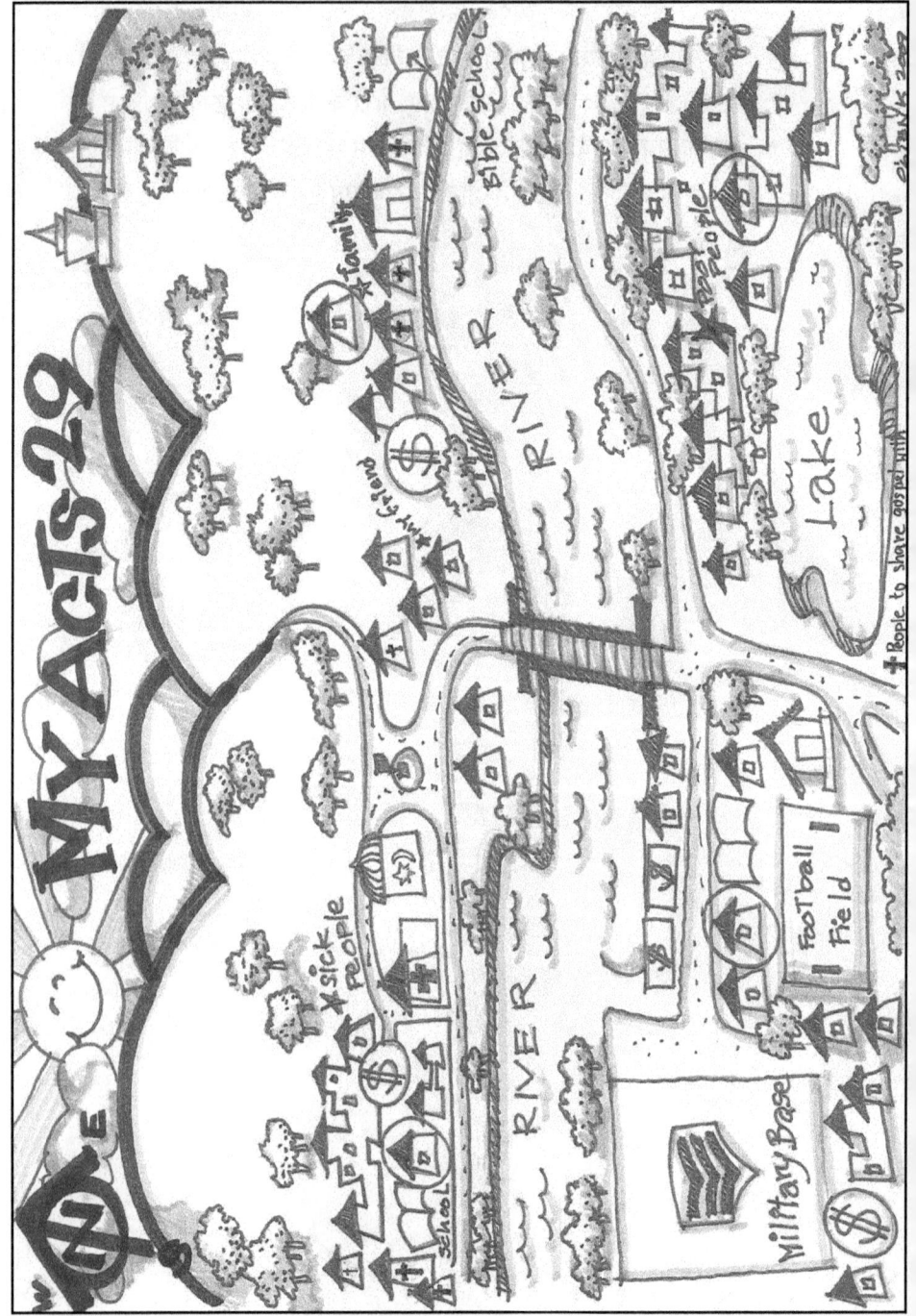

१

बीज बोना

यीशु का परिचय करता है बीज बोनेराले की तरह: बीज बोनेवाले बीज बोते है, उनके खेतों की रक्षा करते है, और बड़ी कटनी मे आनन्द उडाते है। यीशु बीज बोनेराले है और वे हमारे अन्दर रहते है; जब हम उनका अनुकरण करते है, हम भी बीज बोनेवाले बनते है। जब हम कम बोते है, हम कम काटते है। जब हम ज्यादा बोते है, हम ज्यादा काटते है।

हमें लोगो के जीवन में क्या बोना चाहिये? सिर्फ सरल सुसमाचार ही उनका परिवर्तन कर सकता है और उन्हें परमेश्वर के परिवार मे फिर से लाता है। एकबार हम जान लेते है कि प्रभु लोगो के जीवन में काम करते है, हम सरल सुसमाचार उनके साथ बांटते है। हम जानते है कि यह प्रभु की शक्ति है उन्हें बचाने के लिये।

सराहना

प्रभु की उपस्थिति और आशीर्वाद के लिये किसी को प्रार्थना करने कहीये।

- दो समूहगान या गीत साथ मिलकर गाओ।

प्रार्थना

- विद्यार्थीयों को जोड़ी में किसीके साथ स्थिर किजीये जिन के साथ वे पहले साथी नहीं थे।
- ा हर एक विद्यार्थी अपने साथी के साथ निम्नलिखित प्रश्नो के उत्तर बाँटे:

    १. हम कैसे प्रार्थना करे खोये हुए लोगों के लिये जिन्हें आप जानते हो बचाये जाने के लिये ?
    २. हम कैसे प्रार्थना कर सकते है जुथ के लिये जिसे आप प्रशिक्षण देना शुरु नहीं किया है, तो सम्भावित लोग जो उनके कार्य के प्रभाव में है, प्रार्थना किजीये की वे प्रशिक्षण देना शुरु कर सके।

- साथी साथ मिलकर प्रार्थना करे। अभ्यास पुर्ननिरीक्षण हरएक पुर्ननिरीक्षण कार्यकाल समान है। विद्यार्थीयें से खड़े रहने कहीये और पहिले का सीखा हुआ पाठ पढ़े। निश्चित कीजीये की वे हाथ की चेष्ठा भी करे। पीछले चार पाठ का पुर्ननिरीक्षण करें।

अभ्यास

समीक्षा

हर समीक्षा सत्र एक जैसा होगा। प्रशिक्षार्थीयां को खडे होकर पहले के पाठ याद करने के लिए कहे। ये भी देखे की वे हाथ की मुद्राएँ भी करे।

कौन से आठ चित्र है जो येशु को अपनाने में मदद करते है।
सैनिक, माँगनेवाला, चरवाहा, बीज बानेवाला, बेटा, संत, नौकर, सेवा करनेवाला, बहुगुणी।

आज्ञा मानो

कौन सी तीन चीज सेवक करता है?
सबसे सर्वोत्तम अधिकार किस के पास है?
कौन से चार आदेश यीशु ने हर माननेवालों को दिये है?
हम यीशु की आज्ञा कैसे माने?
यीशु ने हर माननेराले को क्या वचन दिया है?

चलिये

पुत्र कौन सी तीन चीजे करता है?
यीशु की सेवा में शक्ति का मूल कारण क्या है?
यीशु ने क्रूस से पहले पवित्र आत्मा के बारे में माननेवालों को क्या वचन दिया?
यीशु माननेवालो को पवित्र आत्मा के बारे में उनके पुनरुत्थान के बाद क्या वचन दिया?
कौन से चार आदेश है पवित्र आत्मा के बारे में अनुकरण करने?

जाओ

कौन सी तीन चीजे खोजनेवाला करता है?
यीशु कैसे निर्णय लेते है की कहाँ सेवा करनी है?
हम कैसे निर्णय करे कि कहाँ सेवा करनी है?
हम कैसे जान सकते है अगर प्रभु काम करते है? यीशु कहाँ काम करते है?
कौन सी जगह है जहाँ यीशु काम करते है?

बांटो

सैनिक क्या तीन चीज करता है?
हम शैतान को कैसे हरा सकते है?
शक्तिशाली गवाही की रूपरेखा क्या है?
अनुकरण करने के लिये महत्वपूर्म मार्गदर्शन क्या है?

येशु कैसे है?

मत्ती १३:३६, ३७- येशु लोगों को विदा कर घर आए। उनके शिष्यों ने उनके पास आ कर कहा, "खेत के जंगली बीज का दृष्टान्त हमें समझा दीजिए"" येशु ने उन्हे उत्तर दिया, "अच्छा बीज बोनेवाला मानव-पुत्र है। (एन ए एस बी)

"यीशु बीज बोनेवाले और करनी के परमेश्वर है।"" बीज बोनेवाला हाथ से बीज फैलाओ।

बीज बोनेवाला कौनसी तीन चीजे करता है?

मारकुस ४:२६-२९- येशु ने उन से कहा, "परमेश्वर का राज्य उस मनुष्य के सदृश है जो भूमि में बीज बोता है। वह रात-दिन सोता-जागता है। और उधर बीज उगता है और बढ़ता जाता है। वह नही जानता है कि यह कैसे हो रहा है। भूमि अपने आप फसल उत्पन्न करती है - पहले अंकुर, फिर बालें और तब बालों में पूर्ण विकसित दाने। फसल तैयार होते ही वह हँसिया चलाने लगता है, क्योंकि कटनी का समय आ गया है।"" (सी ए वी)

१. बीज बोनेवाला अच्छे बीज होता है।
२. बीज बोनेवाले उनके खेतों की रक्षा करते है।
३. बीज बोनेराला करनी की राह देखता है

"यीशु बीज बोनेराला है और हमारे अन्दर रहते है। वे अच्छे बीज हमारे मन में बोते है, जब शैतान खराब बीज बोना चाहता है। बीज जो यीशु ने बोते है रो अनन्त जीवन तक ले जाता है। जब हम उनका अनुकरण करते है, हम भी बीज बोनेराले बन जाते है। हम सुसमाचार के अच्छे बीज बोयेंगे। हम

खेतो (मन) की रक्षा करेंगे जहाँ प्रभुने हमे भेजा है, और हम बड़ी करनी की आशा रखेंगे।""

सरल सुसमाचार क्या है?

लूक २४:१-७- सप्ताह के प्रथम दिन, पौ फटते ही स्त्रियाँ तैयर किये हुए सुगन्धित द्रव्य ले कर कबर के पास गयीं। उन्होंने पत्थर को कबर से अलग लुढकाया। हुआ पाया, किन्तु शवकक्ष के भीतर जाने पर उन्हें प्रभु येशु का शव नहीं मिला। वे इस पर आश्चर्य कर ही रही थीं कि चमचमाते वस्त्र पहने दो पुरुष उनके पास आ कर खड़े हो गये। स्त्रियों ने भयभीत हो कर भूमि की ओर सिर झुका लिया। उन पुरुषों ने उन से कहा, ''आप लोग जीवित को मृतकों में क्यों ढूँढ रही हैं? वह यहाँ नहीं है, पर वह जी उठे हैं। गलील प्रदेश में रहते समय उन्होंने आप लोगों से जो कहा था, वह याद कीजिए। उन्होंने यह कहा था कि मानव - पुत्र का पापियों के हाथ सौंपा जाना, क्रूस पर चढ़ाया जाना और तीसरे दिन जी उठना अनिवार्य है।

''यीशु बीज बोनेवाले और करनी के परमेश्वर है।"" बीज बोनेवाला हाथ से बीज फैलाओ। बीज बोनेवाला कौनसी तीन चीजे करता है?

सरल सुसमाचार क्या है?

पहला...

''उन्होंने आदमी को अपने परिवार का हिस्सा बनाया।""

हाथो को साथ मे बांधो (अलिंग्न करो)।

दूसरा...

"मनुष्य ने प्रभु की आज्ञा नहीं मानी और संसार में पाप और तड़प लाये।""

घूँसा उडाइये और युद्ध करने का दिखावा करो।""

इसलिये मनुष्य को परमेश्वर का परिवार छोड़ना पड़ा।""

हाथो के साथ मे बांधो और फिर उसे दूर खीचींये।

तीसरा...

"प्रभु ने अपने पुत्र यीशु को धरती पर भेजा।

🖐 वे पूर्ण जीवन जीयो।""

हाथो को सिर के ऊपर उठाइये और नीचे तरफ की चेष्ठा करो।

🖐 "यीशु क्रूस पर हमारे पापो के लिये मरे।""

अपने हाथ की मध्य अंगुली दूसरो की हथेली पर रखो।

🖐 "वे दफनायें गये।""

बाये हाथ से दायी एल्बो (केहुनी) पकड़ो और दाया हाथ पीछे करो जैसे दफनाया गया हो।

🖐 "परमेश्वरने उन्हें तीसरे दिन जीवित किया। तीन अंगुलियो के साथ भूजा पीछे ऊपर उठाइये।""

प्रभुने हमारे पापो के लिये यीशु का बलिदान देखा और उसे स्वीकार किया।““

हाथ नीचे की तरफ लाओ हथेलियां बाहर की तरफ रखते हुए।

फिर, भुजाए उठाइये और अपने मन पर क्रोस करो।

चौथा

‘‘वे जो विश्वास करते है यीशु प्रभु के पुत्र है और उनके पापो की कींमत चुकायी है...““

आप जिसको मानते हो उसकी ओर हाथ उठाइये

‘‘...उनके पापों के लिये पश्चाताप...““

हथेलियां बाहर की ओर चेहरो को ढँकती है; मस्तक फिर गया।

‘‘...और बचाये जाने के लिये पूछा...““ हाथ मिलाओ।

‘‘...प्रभु के परिवार में फिर से सत्कार (ात्म्दस्) किये गये।““ हाथों को साथ में बांधो। ‘

‘आप प्रभु के परिवार में लौटने के लिये तैयार हो? चलिये साथ मिलकर प्रार्थना करते है। परमेश्वर से कहाँ आप मानते हो उन्होंने पूर्ण संसार का सृजन किया और उनके पुत्र को आपके पापो के लिये मरने भेजा। आपके पापो का पश्चाताप करो, और उन्हे आपको उनके परिवार में फिर से प्राप्त करने कहाँ।

- महत्वपूर्ण! इस समय यह निश्चित करो कि लोग जिसे आप तालीम दे रहे हो वे सच्चे माननेवाले है। उन्हें प्रश्न का प्रतिभाव देने का मौका दो, ''क्या आप तैयार हो प्रभुके परिवार मे लौटकर आने ?""
- सरल सुसमाचार का प्रदर्शन कुछ बार दोहराते रहो (र्जै) विद्यार्थीयो के साथ जब तक वे इस में निपुण न हो जाये। हमारे अनुभव में, ज्यादातर माननेवाले नहीं जानते कि उनका विश्वास कैसे बांटना है, इसलिये आप अपना समय लिजीये निश्चित करने कि हरएक विद्यार्थी सुसमाचार के अर्थ से स्पष्ट है।
- विद्यार्थीयों को सहाय करो परम्परा का पूरा ज्ञान प्राप्त करने और हाथ की चेष्ठा पाठ ''बनाने"" के द्वारा। पहले मुद्दे से शुरुआत करो और इसे कयी बार दोहराओ। फिर, दूसरा मुद्दा बांटो और इसे कयी बार दोहराओ। फिर पहला और दूसरा मुद्दा बार बार पुर्ननिरीक्षण करो। बाद में, तीसरा मुद्दा बांटो और इसे कयी बार दोहराओ। फिर, पहला, दूसरा और तीसरा मुद्दा साथ में करो। आखिरकार, विद्यार्थीयों को चौथा मुद्दा सीखाओ और कयी बार दोहराओ। विद्यार्थी फिर पूरी परम्परा हाथ की चेष्ठा के द्वारा कयी बार दोहराने समर्थ होने चाहिये निपुणता दिखाने ।

यादगार पद

> *लूकस ८:१५- अच्छी भूमि पर गिरे हुए बीज वे लोग हैं, जो वचन सुनकर उसे सच्चे और निष्कपट हृदय में सुरक्षित रखते और अपने ध्यैर्य के कारण फल लाते है।*

- हर एक व्यक्ति खडा रहे और यादगार पद साथ मिलकर दस बार कहे। पहली छ बार, विद्यार्थी उनकी बाइबल या विद्यार्थी टीप्पणी इस्तेमाल करे। आखरी चार बार वे पद याद करके कहे। विद्यार्थी को पद का संदर्भ हर बार पद कहने से पहले कहेना है और जब वे पूरा कर लें तब बैठ जाये।

अभ्यास

- मेहरबानी करके पढ़ो! बीज बोने के पाठ का अभ्यासक्रम दूसरे अभ्यास क्रम के समय से अलग है। विद्यार्थीयो से उनके प्रार्तना साथी के सामने खडे रहने के लिये कहो।
- दोनो विद्यार्थी सरल सुसमाचार साथ मे दोहराने चाहिये जब वे हाथ की चेष्ठा करके प्रदर्शन करते है। जब पहली जोडी पूरा करें, हरएक को दूसरा साथी ढूँढना चाहिये, एक दूसरे के सामने कडे रहो, और सरल सुसमाचार हाथ की चेष्ठा के द्वारा साथ में कहो।
- दूसरी जोडी पूरी होने के बाद, विद्यार्थी को नया साथी खोजके जारी रखना चाहिये जबतक वे सरल सुसमाचार हाथ की चेष्ठा के साथ आठ साथी के साथ न कहे।
- जब विद्यार्थी उनके आठ साथीयो के साथ पूरा कर ले, हरएक से कहो सरल सुसमाचार हाथ की चेष्ठा के साथ ग्रुप मे कहे।
- आप आश्चर्यचकित हो जाओगे कि कितनी बेहतर प्रकार से वे ये काम कर सकते है इतने बार अभ्यास करने के बाद!

सुसमाचार का बीज बोने का याद रखो!

''याद रखो, सुसमाचार का बीज बोने! अगर आप थोडे बीज बोते हो तो आपके पास कम करनी होगी। अगर आप ज्यादा बीज बोते हो, फिर प्रभु आपको बड़ी करनी का आर्शिवाद देंगे। किस तरह की करनी आपको चाहिये?""

जब आप किसी से पूछते हो कि उन्हे यीशु का अनुकरण करने के बारे में ज्यादा जानना है और वे 'हाँ" कहे, फिर ये समय है सुसमाचार का बीज बोने का। प्रभु उनके जीवन मे काम कर रहे है।! ''सुसमाचार का बीज बोओ! बीज बोना नहीं - कटनी नहीं। यीशु बीज बोनेवाले है और वे सबसे बड़ी करनी के लिये देखते है। ''कुछ समय लिजिये सोचने किसीके बारे मे

जिसे आप इस प्रशिक्षण के बाहर यह पाठ सीखा सकते हो। उस आदमी का नाम इस पाठ की सूचि मे सबसे ऊपर लिखो।""

समाप्ति:

प्रेरितो २९:२१ कहाँ है? ☙

''अपनी बाइबल में प्रेरितो २९:२१ पर फिरो।""

- विद्यार्थी कहेंगे वहाँ पर प्रेरितो की किताब में सिर्फ अठठाइस (२८) पाठ है।

''मेरी बाइबल में प्रेरितो २९ है।""

- थोड़े विद्यार्थीयों को आगे आने दो, उनके बाबिल में २८ वे पाठ के अन्त को निर्देश करो और कहो उनके पास भी प्रेरितो २९ है। ''अब 'प्रेरितो २९" है। प्रभु प्रमाणित करते है पवित्रआत्मा हमारे द्वारा क्या करती है, और किसी दिन हम ये पढ़ सकेंगे। आपको क्या चाहिये इसे कहने? आपका अनुमान क्या है? नक्शा जिस पर हम काम करते है वो है हमारा 'प्रेरितो २९ नक्शा" और अनुमान करो जो प्रभु हमारे जीवन मे करना चाहते है। मुझे अपना प्रेरितो २९ का अनुभव आपके साथ बांटना है।""
- आपका ''प्रेरितो २९ अनुमान"" जुथ के साथ बांटो। दो प्रकार के लोगो का विचार सामिल करने निश्चित रहो: नमानेवाले और माननेवाले। प्रभु चाहते है हम सुसमाचार नमाननेवालो से बांटे और माननेवालो के तालीम दे कैसे मसीह का अनुकरम करना है और उनका विश्वास बांटना है। ''हमारा प्रेरितो २९ नकशा प्रतिनिधित्व करता है क्रूस यीशु ने हमे बुलाया उठाने के लिये। अब हमे प्रवेश करना है हमारे नक्शे को दिखानेवाले पवित्र समय में, एक दूसरे के लिये प्रार्थना करते हुए, और हमारा जीवन यीशु का अनुकरण करने सोंपते हुए।"" प्रेरितो २९ नकशा-भाग ३. विद्यार्थियो से कहीये कम

से कम तीन सम्भावित जगह को गोल निशाना लगाने, नये चेलो के जुत के लिये उनके नकशे पर। उन्हे सम्बावित जुथ के नेता का नाम लिखना है और सम्भावित यजमान परिवार सर्कल के बाजु में।

- अगर उन्होंने पहिले से ही जुथ शुरु कर दिया है, उत्सव मनाओ और उन्हे नकशे पर रखने दो। अगर उन्होने अभी तक जुथ की शुरुआत नहीं की हो, उन्हे मदद करे विचार करने जहाँ प्रभु काम करते है।
- यह आखरी बात है विद्यार्थीयो को नकशा तैयार करने के लिये उसे पेश करने से पहले। ज्यादा (अतिरिक्त) समय आवश्यकता अनुसार दीजिये।

१०

स्वीकार करना

स्वीकार करना समापन कार्यकाल है सेमीनार का। यीशु ने हमे आदेश दिया हमारा क्रूस उठाने (स्वीकार करने) और उनका अनुकरण करने हर दिन। प्रेरितो २९ नकशा चित्र है क्रूस का जो यीशु ने हर विद्यार्थी को उठाने के लिये बुलाया।

इस अंतिम कार्यकाल में विद्यार्थी उनका प्रेरितो २९ नकशा जुथ को प्रस्तुत करते है। हर प्रस्तुति के बाद, जुथ प्रस्तुतकर्ता और प्रेरितो २९ नकशे पर हाथ रखते है। प्रभु के आशीर्वाद के प्रार्थना करते हुए और उनकी सेवा पर अभिषेक करते हुए। जुथ बाद में प्रस्तुतकर्ता को चेलेन्ज करता है आदेश ''आपका क्रूस उठाओ और यीशु का अनुकरण करो"" तीन बार दोहराते हुए। विद्यार्थी उनका प्रेरितो २९ नकशा बारी बारी से पेश करते है जबतक सब पूरा न कर ले। प्रशिक्षण समय पूरा होता है पूजा के गाने के साथ चेले बनाने के वचन के साथ और मशहूर आध्यात्मिक नेता द्वारा समापन प्रार्थना के साथ।

सराहना

- प्रभु की उपस्थिति और आशीर्वाद के लिये किसीको प्रार्थना करने कहीये।
- दो समूहगान या गीत साथ मिलकर गाओ।

प्रार्थना

- जुथ मे से मशहूर आध्यात्मिक नेता से इस वचन के खास समय पर प्रभु के आशीर्वाद के लिये प्रार्थना करने कहो।

अभ्यास

समीक्षा

हर समीक्षा सत्र एक जैसा होगा। प्रशिक्षार्थीयां को खडे होकर पहले के पाठ याद करने के लिए कहे। ये भी देखे की वे हाथ की मुद्राएँ भी करे।

कौन से आठ चित्र है जो येशु को अपनाने में मदद करते है।

सैनिक, माँगनेवाला, चरवाहा, बीज बानेवाला, बेटा, संत, नौकर, सेवा करनेवाला, बहुगुणी।

कौन सी तीन चीज सेवक करता है?

प्रभु का मनुष्य को पहला आदेश क्या था?

यीशु का मनुष्य को आखरी आदेश क्या था?

मैं कैसे फलस्वरुप बन सकता हूं और बढ़ सकता हूं?

इस्त्राएल मे कौन से दो समुद्र स्थित है?

वे इतने अलग क्यों है?

आप किसके जैसा होना पसंद करोगे?

प्रेम

कौन सी तीन चीजे चरवाहा करता है?

कौन सा सबसे महत्वपूर्ण आदेश है दूसरो को सीखाने के लिये?

प्रेम कहाँ से आता है?

सरल पूजा क्या है?

हमारे पास सरल पूजा क्यो है?
सरल पूजा करने कितने लोग चाहिये?

प्रार्थना
कौन सी तीन चीज संत करते है?
हमें कैसे प्रार्थना करनी चाहिये?
प्रभु हमें कैसे जवाब देंगे?
प्रभु का फोन नंबर क्या है?

आज्ञा मानो
कौन सी तीन चीजे सेवक करता है?
किस के पास सर्वोत्तम अधिकार है?
यीशु हर माननेवाले को कौन से चार आदेश दिये?
हम यीशु की आज्ञा कैसे माने?
यीशु हर माननेवाले को क्या वचन दिया है?

चलिये
कौन सी तीन चीजे पुत्र करता है?
यीशु की सेवा में शक्ति का मूलसूत्र क्या था?
यीशु क्रूस के पहले माननेवालो को पवित्र आत्मा के बारे में क्या वचन दिया?
यीशु उनके पुनरुत्थान के बाद पवित्र आत्मा लिये माननेवालो को क्या वचन दिया?
पवित्र आत्मा का अनुकरण करने के बारे मे चार आदेश क्या है?

जाओ
खोजनेवाला कौन सी तीन चीजे करता है?
यीशु कैसे निर्णय करते है कि कहाँ सेवा करनी है?
हम कैसे निर्णय करें कि कहाँ सेवा करनी है?
हम कैसे जान सकेंगे कि प्रभु कहाँ काम करते है?

यीशु कहाँ काम करते है ?
दूसरी जगह कहाँ है जहाँ यीशु काम करते है ?

बांटो

सैनिक कौन सी तीन चीजे करता है ?
हम कैसे शैतान को हरा सकते है ?
शक्तिशाली गवाही की रूपरेखा क्या है ?
अनुकरण करने के लिये कुच महत्वपूर्ण मार्गदर्शन क्या है ?

बोओ

बीज बोनेवाला कौन सी तीन चीजे बोता है ?
सरल सुसमाचार क्या है जो हम बांटते है ?

अभ्यास यीशु उनके अनुकरण करने वालो को रोज क्या करने का आदेश देते है ?

लूक ९:२३- तब येशु ने सब से कहा, "जो मेरा अनुसरण करना चाहता है, वह आत्मत्याग करे और प्रतिदिन अपना क्रूस उठा कर मेरे पीछे हो ले।

"अपने आप का अस्वीकार करो, आपका क्रूस उडाओ, और यीशु का अनुकरण करो।" " कौन सी चार आवाजे है जो हमे बुलाती है हमारा क्रूस उठाने ? आवाज ऊपर

मारकुस १६:१५- तब येशु ने उन से कहा, "संसार के कोने-कोने में जाओ और प्रत्येक प्राणी को शुभ समाचार सुनाओ। (एन एल टी)

"यीशु हमें स्वर्ग से बुलाते है सुसमाचार बांटने।

वे सर्वोत्तम अधिकारी है, और हमे उनकी आज्ञा माननी चाहिये हर समय, तुरंत, और प्रेम के मन से।

ऊपर

"यह आवाज है ऊपर से।""

लूक १६:२७-२८- धनवान मनुष्य ने उत्तर दिया, 'पिता! आप से एक निवेदन है। आप लाजर को मेरे पिता के घर भेजीए, क्योंकि मेरे पाँच भाई है। लाजर उन्हे चेतावनी दे। कहीं ऐसा न हो कि वे भी यन्त्रणा के इस स्थान में आ जायें। (एच सी एस बी)

अंगुली ऊपर आसमान की ओर उडाओ।

नीचे
नीचे से आवाज

अंगुली नीचे धरती की और दर्शाओ।

"यीशु ने धनवान आदमी की कहानी कही जो अधोलोक में गया था।

खहानी में, धनवान आदमी चाहता था कि गरीब आदमी लाजर स्वर्ग छोडे और धरती पर जाए अपने पाँच भाइयो को चेतावनी देने अधोलोक की हकीकत के बारे में। अब्राम ने कहा कि उनको पर्याप्त चेतावनी मिल चुकी है।

लाजर लौटकर धरती पर नहीं जा सका। लोग जो मर चुके है और अधोलोक मे है हमें सुसमाचार बांटने बुलाते है। ''ये आवाज है नीचे से।""

अंदर

अंदर से आवाज

१ कुरिन्थियों ९:१६- मैं इस पर गर्व नहीं करता कि मैं शुभसमाचार का प्रचार करता हूँ। मैं तो ऐसा करने के लिए विवश हूँ। धिक्कार मुझे यदि मैं शुभसमाचार का प्रचार न करूँ।

''पौलुस के अन्दर की पवित्र आत्माने उसे सुसमाचार बांटने विवश किया। वही पवित्र आत्मा हमे बुलाती है हमारा क्रूस उठाने और सुसमाचार बांटने।"" ये है आवाज अन्दर से।"" अन्दर अंगुली अपने मन के तरफ रखो। आवाज बाहर से

प्रेरितों के कार्य: १६:९- वहाँ पौलुस ने रात में एक दर्सन देखा एक मकिदुनिया - निवासी उनके सामने खड़ा होकर रह अनुरोध कर रहा है, ''आप समुद्र पार कर मकिदुनिया में आइए और हमारी सहायता कीजिए।"" (एन एल टी)

''पौलुस का विचार था एशिया जाने का, परन्तु पवित्र आत्मा ने उस समय उसे जाने नहीं दिया। उसका अनुमान था कि माकेडोनीया से आदमी उसे वीनति कर रहा था वहाँ आने और शुभ समाचार प्रचार करे। दुनियाभर से लोग और जुथ जिनके पास अब तक पहुँच नहीं सके है वे हमे हमारा क्रूस उठाने और सुसमाचार बांटने के लिये बुलाते है।

बाहर

✋ "ये आवाज है बाहर से।"

हाथ को जुथ की ओर रखो और "यहाँ आने" की चेष्ठा करो।

चार आवाजे हाथ की चेष्ठा के साथ थोड़ी बार पुर्ननिरीक्षण करो विद्यार्थीयों के साथ उन्हें पूछते हुए कौन सी आवाज है, कहाँ से आती है, और ये क्या कहती है।

प्रस्तुति

प्रेरितो २९ मेप

- प्रेरितो २९ नकशे विद्यार्थीयो को आठ-आठ के जुथ में बांटो। एफ जे टी में भाग लेनेवालो में से जानकार नेता से हर जुथ का नेतृत्व करने कहो।.
- विद्यार्थीयो को सेवा के अनुकरण की समय विधी समझाइये।
- विद्यार्थी उनका प्रेरितो २९ नकशा सर्कल के बीच में रखे और बारी बारी से उनके जुथ को प्रस्तुत करें। बाद में, जुथ हाथ रखते है प्रेरितो २९ नकशे पर और। या विद्यार्थी और प्रभु की शक्ति और आर्शीवाद उन पर लाने के लिये प्रार्थना करते है।
- हर एक को पोती समय जोर से प्रार्थना करनी है विद्यार्थीयों के लिये। जुथ का जानकार नेता प्रार्थना का समय समाप्त करता जैसे आत्मा बढती है।
- उस समय पर, विद्यार्थी नक्शा बंद कर देते है, उनके खंधे पर रखते है, और जुथ कहता है, "अपना क्रूस उठाओ और यीशु का अनुकरण करो", तीन बार एक आवाज में। बाद में, अगला विद्यार्थी उनका नक्शा प्रस्तुत करता है और कार्यवाही फिर से शुरू होती है।

- आप शुरु करने से पहले, विद्यार्थी से दोहराने के लिये कहो, ''अपना क्रूस उठाओ और यीशु का अनुकरण करो"", तीन बार, जेसे वे ऐसा करेंगे हर एक आदमी के नक्शा प्रस्तुत करने के बाद। यह हर एक को मदद करेगा निर्णय लेने मे कि वाक्यखंड एक आवाज में कैसे कहते है।
- जब जुथ में हर एक ने अपना नक्शा प्रस्तुत देते है, विद्यार्थी दूसरा जुथ जोडते है जिसने अभी तक पुरा नही किया हो जबतक सारे विद्यार्थी एक बड़ा जुथ न बने सारे धार्मिक पाठशाला के विद्यार्थीयो को मिलाकर।
- प्रशिक्षण समय पूरा करो समर्पित पूजा का गाना गाते हुए जो विद्यार्थीयों को जुथ मे अर्थपूर्ण हो।

अंतिम टीप्पणी

१. गालेन कुरेह और ज्योर्ज पेटरसन, ट्रेहान एन्ड मल्टीप्लाय वर्कशोप मेन्युल (प्रोजेक्ट वर्ल्ड आउटरीच, २००८) पृष्ठ. २८।

२. कुरेह और पेटरसन, पृष्ठ १७।

३. कुरेह और पेटरसन, पृपृष्ठ १८, ९।

भाग ३

संदर्भ

अधिक अध्ययन

निम्नलिखित द्रव्यसाधन से विचारणा करे ज्यादा गहरी बातचीत प्रस्तुत किये हुए विषयो पर के लिये। सेवा कार्य की नयी जगहो में, यह भी अच्छी सूचि है पहली किताबो की बाइबल के बाद अनुवाद करने के लिये

बीलहेइमर, पोल (१९७५)। डेस्टीड फोर ध थ्रोन। क्रीस्टीयन लीटरेचर क्रुसेड।

ब्लेकाबाय, हेन्री टी. और कींग, क्लाऊड (१९९०). एक्सपीरीयन्सींग गोड: नोव्हींग एन्ड डुइंग ध पील ऑफ गोड.

लाइफ वे कार्लटन, आर. ब्रुस (२००३)। प्रेरितो २९: प्रेक्टीकल ट्रेनींग इन फेसीलीटेटींग चर्च - प्लान्टींग मुवमेन्टस अयन्ग घ नीगलेक्टेड हॉवेस्ट फिल्डस. फाइरोस प्रेस.

चेन, जोन. ट्रेनींग फोर ट्रेनरस. अनपब्लीशड, नो डेट।

ग्रेहाम, बोली (१९७८)। घ टोली स्पीरीट: एक्टीवेटींग गोडस पावर इन योर लाइफ

डब्लू पब्लीशींग ग्रुप।. होडझ, हर्ब (२००१)

टेली हो घ फोक्स! घ फाउन्डेशन फोर बील्डींग वर्ल्ड - वीझनरी, वर्ल्ड इम्पेक्टींग, रीप्रोड्युसींग डीसाइपलस स्पीरीचुअल लाइफ मीनीस्ट्रीस।

हेयबेल्स, बील (१९८८). टु बीझी नोट टु प्रे.। इन्टरर्वसीटी प्रेस।

युरेय, एन्ड्रु (२००७) वीथ फ्राइस्ट इन घ स्कुल ओफ प्रेय डीगोरी प्रेस।

ओग्डेन, ग्रेग (२००३)। ट्रान्सफोर्मीन्ग डीसायपलीशीय: मेकींग डीसायपलस ए फ्यु एट अ टाइम. इन्टरर्वसीटी प्रेस।

पेकर, जे. आय (१९९३ नोइंग गोड. इन्टरवर्सीटी प्रेस.

पेटरसन, ज्योर्ज एन्ड स्कोजीन्स, रीर्चड (१९९८) चर्च मल्टीप्लीकेशन गाइड. पीलीयम फेरी लायब्रेरी।

पाइपर, जोन (२००६) वोट जीसस डीमान्डस फ्रोम घ वर्ल्ड. क्रोसवे बुक्स

परिशिष्ट अैं

अनुवाद करनेवालो की टीप्पणीयाँ

लेखक इस प्रशिक्षण वस्तु को दूसरी भाषामें अनुवाद करने की अनुमति देते है जैसे प्रभु निर्देश करते है। मेहरबानी करके निम्नलिखित मार्गदर्शन इस्तेमाल करे जब फोलो जीसस ट्रेनींग (इदत्त्दै वेले ऊँग्हग्हु) (एफजेटी) वस्तु अनुवाद करते हो:

- हम बताते हे दूसरों को एफजेटी के साथ कयी बार प्रशिक्षण देने को अनुवाद कार्य शुरु करने से पहले। अनुवाद अर्थ द्रढ करना चाहिए और ना सिर्फ साहित्य के अनुसार, या शब्द- के लिये- शब्द, अनुवाद होना चाहिये। द्रष्टांत के तौर पे, अगर ''पोक बाय घ स्पीरीट"" ''आत्मा द्रारा चलो"" का अनुवाद है ''आत्मा द्रारा जीयो"" आपके बाइबल के वर्णन में, ''आत्मा द्रारा जीयो"" इस्तेमाल करो, और आवश्यकता अनुसार हाथ की चेष्ठा में बदलाव करो।
- अनुवाद सामान्य भाषा में होना चाहिये और आपके लोगो की ''धार्मिक भाषा"" मे नहीं, जितना शक्य हो।
- बाइबल के अनुवाद उपयोग करो ताकि आपके जुथ मे ज्यादातर लोग समझ सके। अगर वहाँ पर सिर्फ एक अनुवाद है और वो समझने के लिये कठिन है, तो पवित्रशास्त्र में प्रमाण ठीक करो उसे ज्यादा स्पष्ट करने।
- मसीह के आठ चित्र के लिये हकारात्मक अर्थराले शब्द का उपयोग करो। बहुधा, प्रशिक्षण टीम को शायद आवश्यकता हो ''सही शब्द"" के साथ कयी बार प्रयोग करने सही शब्द मिलने से पहले।

- ''संत"" का अनुवाद आपकी सांस्कृतिक शब्द के अनुसार करो जो देता है पवित्र आदमी जो पूजा करता है, प्रार्थना करे, और ऊँचे धर्मरूप जीवन तक ले जाता है। अगर यीशु की पवित्रता का वर्णन करता हुआ शब्द आपकी भाषा में समान है तो, ये आवश्यक नही होगा इस्तेमाल करना ''पवित्र"" हम यहाँ 9"ध्हा"" (होली वन) इस्तेमाल करते है क्योंकि ''संत"" पूरी तरह से यीशु का वर्णन नहीं देता।
- ''सेवक"" शब्द हकारात्मक ज्ञान मे अनुवाद करना मुश्किल हो सकता है, परन्तु यह बहुत महत्वपूर्ण है कि आप ऐसा करो। ध्यान रखीये कि शब्द आप चुनते हो बताने वो आदमी जो बहुत काम करता है, दयालु मन है, और दूसरो को मदद करने मे आनन्द लेता है। ज्यादा तर संस्कृति मे ''सेवक के मन"" का विचार होता है।
- हमने सारी स्कीट साउथ इस्ट एशिया मे बनायी है और सामान्य तौर पर उस संस्कृति में योग्य है। आपकी संस्कृति में इसे अपनाने के लिये आजादी महसूस करो, निश्चित रहो आपके लोगो की जानी पहिचानी चीजे और विचार इस्तेमाल करने के लिये।
- हमे आपके काम के बारे मे सुनना और हम जो भी तरह से मदद कर सके वो करना पसंद होगा।
- हमें ीूर्ह्रग्दहॅइदत्त्दैवेल्र्ड्रॅग्हग्हु.म्दस्र पर संपर्क करे ताकि हम जुड सके और ज्यादा लोगो को यीशु का अनुकरण करते हुए देखे।

परिशिष्ट बी

एफ ए फ्यू

१. मेकिंग रेडिकल डिसाइपल्स का मुख्य लक्ष्य क्या है?

माननेवालों का छोटा जुथ (जो साथ मिलते है पूजा, प्रार्थना, बाइबल की पढ़ाई करने और एक दूसरे को पकडे रखते है यीशु के आदेश का अनुकरण करने) है नींव की इमारत कोई भी स्वस्थ क्लीसिया या लंबी चलनेवाली मुहिम की। हमारा लक्ष्य है लोगो को यीशु की कार्यपद्धती का अनुकरण करने अधिकार दे दुनिया तक पहुँचने उनको तालीम (प्रशिक्षण) देने के द्वारा उनकी कार्य पद्धती के पहले तीन क्रम करने के लिये: प्रभु में मजबूत बनो, सुसमाचार बांटो, और चेले बनाओ। धर्म प्रचारक कभी कभी केटालिस्ट होते है, परन्तु कभी भी चेलो पर प्रकाश नहीं डाला चेले बनाने की मुहिम पर।

हमारे अनुभव में, ज्यादातर माननेवाले ने बदलनेवाली जाति का अनुभव नहीं किया की चेलो का जुथ बनाता है। चेलो द्वारा चेला बनाने की मुहिम में, परिवार एक दूसरे को चेला बनाते है पारिवारिक धर्मनिष्ठा के दौरान; कलीसिया उनके सदस्यों को चेले के जुथ मे और रविवार शाला की कक्षा मे चेले बनाते है; सेल जुथ उनके सदस्यो को तालीम देते है कैसे एक दूसरे को चेला बनाया जाय; और नया क्लीसिया बनाने का विचार कइ बार शुरु होता है छोटे चेलो के जुथ की तरह। मुहिम मे, चेलो का जुथ कहीं भी और कही है।

२. तालीम और सीखाने मे क्या फर्क है?

जवाब देही सीखाना दिमा को रवाना देता है। तालीम हाथ और मनको। सीखाने की व्यवस्था मे, शिक्षक ज्यादा बोलते है और विद्यार्थी थोड़े प्रश्न पूछते है। तालीम व्यवस्था मे, लीडर (नेता) बहुत बोलते है और शिक्षक थोड़े प्रश्न पूछते है। सीखाने के कार्य-काल के वाद, सामान्य प्रश्न होता है ''क्या उन्हे यह पसंद आया?"" या ''क्या उन्हें यह मिला?"" तालीम कार्यकाल के बाद, मुख्य प्रश्न है ''क्या वे यह करेंगे?""

३. मैं क्या करूँ अगर मै दिये गये समय में पाठ पूरा न कर सकू?

तालीम प्रक्रिया बहुत महत्वपूर्ण है एफजेटी में। विद्यार्थियों को सिर्फ पुस्तक सूची मत सीखाओ, परन्तु दूसरों को कैसे तालीम देना भी। ''पढ़ाई""। को दो भागो में बाटो अगर आपको पूरा पाठ एक ही काय-काल में देने का समय न हो तब। यह बेहतर है तालीम प्रक्रिया को संभालना और पाठ को दो हिस्सो मे बांट दो फिर तालीम प्रक्रियावाले हिस्से को छोड़ दे।

सामान्य प्रलोभन होता है जवाब दे ही और अभ्यास का समय छोड़ना इस प्रकार वस्तु ज्यादातर परम्परागत बाइबल पढ़ाई के समान बनाना। बढ़ाने की चाबी, कैसे भी, जवाब दे ही और अभ्यास है। इसे छोड़िए मत! बजाय, ''पढ़ाई"" के कार्यकाल को दो सभा समय मे बांटो और तालीम प्रक्रिया को ऐसे ही रहने दो।

४. क्या आप मुझे कुछ विचार दे सकते हो कैसे शुरुआत करे उसके बारे में?

अपने स्वयं से शुरुआत करो। आप वो नहीं दे सकते जो आपके पास नहीं है। पाठ सीखो और उनको जीवन मे रोज की जींदगी में लागू करो। आप दूसरो को तालीम देना शुरु करने से पहले सोचने की बड़ी गलती मत करना कि आप कुछ लेवल तक पहुँचे हो। यह भी सच है कि आप को नहीं मिल सकता जो आप नहीं देते। अगर

आप माननेवाले हो, पवित्र आत्मा आपके अंदर रहती है और इस प्रकार आप नक्की आवश्यक लेवल पर पहुँचे हो दूसरो को तालीम देना शुरु करने को।

जब यह सच है कि आप वो नहीं सीखा सकते जो आपने नहीं सीखा, यह भी सच है कि आप सीख नहीं सकते जो आपने सीखाया नहीं हो। इसे करो। बाहर जाओ और दूसरो को तालीम दो पूरे त्याग के साथ। जैसे आप परमेश्वर से जुडते हो जहाँ वे काम करते है, वहाँ पर बहुत से मौके होंगे दूसरो को तालीम देने के लिये।

पाँच लोगो को पैसी ही तीव्रता से तालीम दो जैसे आप पचास लोगो को तालीम देते और इसका उल्टा भी (वाईस वर्सा) कम बोओ, कम काटो। ज्यादा बोओ; ज्यादा काटो। कटनी जो आप देखेंगे वो ज्यादा तर आपके दूसरो को तालीम देने के वचन के अनुसार हिस्सा होती है।

५. ''५ का कायदा"" क्या है?

विद्यार्थियों को पाठ पांच बार अभ्यास करना चाहिए उनको दूसरे लोगो को पढाने के लिये आवश्यक विश्वास होने से पहले। पहली बार, विद्यार्थी कहे, ''वो बहुत अच्छा पाठ था। धन्यवाद!"" दूसरी बार (उनके पाठ पढ़ाने के बाद) वे कहेंगे, ''मैं सोचता हूँ मैं भी शायद ये पाठ सीखा सकूं, परन्तु में निश्चित नहीं हू।"" तीसरी बार, विद्यार्थी कहे, ''यह पाठ सीखाना इतना कठिन नहीं है जैसा मैंने सोचा था। शायद आखिरकार शायद मैं कर सकता हूँ।"" चौथी बार, विद्यार्थी कहे, ''मै देख सकता हूँ ये पाठ कितना महत्वपूर्ण है और मुझे ये दूसरो को पढ़ाना है। यह हर बार आसान हो रहा है।"" पांचवी बार, विद्यार्थी कहे, ''मैं दूसरो को तालीम दे सकता हूं दूसरों को तालीम देने यह पाठ कैसे किया जाता है। मैं विश्वास करनेवाला हूँ प्रभु यह पाठ का इस्तेमाल करेंगे मेरे मित्र और परिवार का जीवन बदलने।""

पाठ का अभ्यास करना समावेश करता है ''देखना"" या ''करना"" ''सीईंग"" और ''डुईंग""। उस कारण, हम अभ्यास करने का समय दूगना रखने का सूझाव देते है। विद्यार्थियों एक बार उनके प्रार्थना के साथी के साथ अभ्यास करना चाहिए और फिर दूसरे साथी की ओर फिरो और इस पाठ को फिर से करो।

६. आप इतनी सारी हाथ की चेष्ठा का उपयोग क्यों करते हो?

यह एक नजर में शायद बचपना लगे, परन्तु ज्यादातर लोग जल्दी ही समझ लेते है कि यह उनको वस्तुएं ज्यादा जल्दी याद रखने मे मदद करता है। हाथ की चेष्ठा इस्तेमाल करना सहाय करता स्काइनेस्थेटीक और सादृश्य पढने के रीत के साथ।

हाथ की चेष्ठा के साथ सावधान रहीये, कैसे भी! आप जिनको तालीम दे रहे हो उनके स्थानीय संस्कृति को जांच लो और निश्चित हो जाओ की हाथ की कोई भी खराब तरीके की न हो या कुछ अलग अर्थ न निकलता हो आपके बताने के अर्थ से। हमने इस पुस्तिका में कुछ साउथइस्ट एशियाई देशो के हाथ की चेष्ठा दी है, परन्तु समय से आगे जाँचना अभी भी अच्छा विचार है।

आश्चर्य नहीं करना अगर डॉक्टर, वकील और दूसरे ज्यादा पढ़े लिखे विद्यार्थी हाथ की चेष्ठा सीखने और करने मे खुश होते है। टीप्पणी हम बार बार सुनते है ''आखिर कार! यहाँ पाठ है मैं दूसरो को पढ़ा सकता हूँ और वे समझेंगे और इसे करेंगे।""

७. यह पाठ इतना सरल क्यों है?

यीशु ने सरल और याद रहनेवाले तरीके मे तालीम दी। हम सच्ची जीवन के द्रष्टांत और कहानियाँ इस्तेमाल करते है क्योंकि यहीं यीशु ने किया है। हम मानते है कि पाठ सच्ची तरह से पुन: उत्पन्न करनेवाला है सिर्फ अगर यह ''नेपकीन परीक्षा"" सकल कर सके।"" (क्या पाठ नेपकीन (रुमाल) पर लिखा जा सकता है सामान्य काने के ऊपर और तुरंत ही विद्यार्थीयों द्वारा पुन: उपस्थित किया जा सकता है? एफजेटी मे ''उनको स्वयं को सीखाओ""का पाठ और पवित्र आत्मा पर आधारित रहना अच्छे बीज बोने के लिये। सरलता पुन: उत्पन्न करने की मुख्य वस्तु है।

८. जब लोग दूसरो को तालीम देते है तब कौन सी कुछ सामान्य गलतियां वे करते है?

वे तालीम का जबाब देती (अकाऊंटेबीलीटी) पहलू छोड़ देते है: आदर्श रूप मे छोटी जुथ सभा पूजा, प्रार्थना और बाइबल की पढ़ाई से बनी है. तालीम इस तीनो

को सामिल करती है, परन्तु जबाब देही भी मिलाते है ''अभ्यास'''' समय के साथ। ज्यादातर लोग मानते है वे दूसरों की जबाबदेही प्रेमभरे रीत से नहीं पकड सकते, इसलिये वे ये हिस्सा छोड़ देते है। द्रष्टांत रखते हुए और बिना न्याय के प्रश्न पूछते हुए, कैसे भी जुथ एक दूसरे की जवाबदेही पकड सकते है और पर्याप्त आध्यात्मिक प्रगति देखते है।

- वे थोडे पर रोशनी डाली है ज्यादा पर नहीं: एक के लिये एक चेले का विचार अच्छी थीयरी है, परन्तु अभ्यास मे कम पडती है. बाइबल संबंधी सिद्धांत लगता है छोटे जुथ मे चेले बनाना। यीशु ने ज्यादा समय पतरस, याकूब और यूहन्ना के साथ बिताया। आदमीयों का जुथ पतरस के साथ हुए उनके चेले बनाने के सफर में और यरूशलेम के क्लीसिया मे मदद की। पौलुस के स्वत्‌ूपरा भरा हुआ था लोगो जुथ की सूचि से जिनको उसने ''चेला बनाया था।'''' सच्चाई मे, करीबन पंद्रह से बीस फीसदी लोग स्वयं तालीम देने वाले शिक्षक बनते हा जितने लोगो को आप तालीम देते हो उन मे से। इस हकीकत से उदास मत होना। इस परसनटेज के साथ भी, प्रभु चेले बनाने की मुहिम लायेंगे अगर हमे सुसमाचार बीज को विस्तृतरुप से निर्देश करने विश्रासु है।
- वे बहुत बोलते है: नब्बे मिनट के आदर्शरुप कार्यकाल में, तालीम देनेवाला शायद जुथ के साथ पूरी तीस मिनट वाले। विद्यार्थी तालीम कार्यकाल का ज्यादा तर समय साथ में पूजा, प्रार्थना, बांटना और अभ्यास करने मे बीताते है। पश्चिमी शिक्षण पद्धती से आये हुए बहुत इस समय क्रम को पलटाने की जाल मे गिरते है।
- वे पुन: उत्पन्न होनेवाले प्रकार से तालीम करते है: चेले बनाने की मुहिम में मुख्य चीज है पुन: उत्पन्न करना। परिणाम के तौर पर, सबसे महत्वपूर्ण लोग जिसे आप तालीम देते हो वो कक्ष मे भी नहीं है; वे तीसरे, चौथे और पांचवी पीढी चेलो की दूसरे चेलो को तालीम देते है। मार्गदर्शन प्रश्न होना ही चाहिये ''आनेवाली पीढीयो में चेले वहीं नकल कर सकेंगे जो मैं करता हूं और दूसरो को देता हू?'''' क्या होगा अगर माननेवालो की चौथी पीढ़ी ने बांटा, प्रस्तुत किया, सहज, और वही समान वस्तु लाये उनके कार्यकाल में जो आप के पास है? अगर वे आपको आसानी से अनुकरण कर सकते है,

तो यह पुन: उत्पन्न करनेवाला है। अगर उनको स्वीकार करना पड़ता, तो यह पुन: उत्पन्न करनेवाला नहीं है।

९ मुझे क्या करना चाहिये अगर मेरे दल में पहुँच सकनेवाले लोगो न हो?

एफ जे टी वस्तु सीखो और चेले बनाना शुरु करो और आपके उन न पहुँचने वाले जूथ को प्रमाणित करो। कोला जीसस ट्रेनिंग (एफ जे टी) खोजनेवाले को अच्छा चित्र देता है, यीशु कौन है और मसीह होने का अर्थ क्या है उसका साऊथइस्ट एशिया में, हम कइ बार लोगो को चेला बनाते है और उन्हे सुसमाचार प्रचार देते है। एफ जे टी आपको न डरनेवाला रास्ता देता है यह करने के लिये।

- करीबी जुडे लोगो के जुथ से माननेवाले चुनो- जुथ जिसके पास अर्थशास्त्र, राजनिति, भूगोलशास्त्र और सांस्कृतिक समानता हो जुथ के साथ जिसे आप पहुँचने का प्रयत्न करते हो। उन्हें एफजेटी वस्तु के साथ तालीम दो, बाजु के लोगो के जुथ मे उनके मित्रो तक पहुँचने का अनुमान दिखाओ।
- आपके युपीजी से लोगो को पहेचानने के लिये धार्मिक पाठशाला और बाइबल शाला की मुलाकात करो।
- कई बार प्रभु ने पहिले से नेता बना दिये है। हमें सिर्फ उनकी जानकारी नहीं है। जिन्हे एक ही माता या पिता हो आपके युपीजी मे उन्हे ढूंढो। बहुत बार ये नेता (लीडर) युपीजी के लिये भार होते है, परन्तु थोडा अनुभव उनके पास कैसे पहुँचने मे।

१०) नये चेले को प्रशिक्षण शुरु करने के लिए, पहला कदम कैसा उठाना चाहिए?

शिष्यो को सादा पूजा प्रबन्ध मे अभ्यास करने को जोश देते है। दल के लोग क साथ प्रशंसा और प्रार्थना करते है। 'पढाई" के भाग मे हर दूसरे को एफ.जे.टी. का शिक्षण देते या तीन बाइबल का कहानी प्रश्न के साथ बोलने।

परिशिष्ट बी

अभ्यास के भाग में भी, वो एक दूसरे को प्रशिक्षण सिकाते है। गोष्टी मे विद्यार्थी नौ बार सादा पूजा का अभ्यास करते है। इसी तरह जब छुट्टे है शिष्य को विश्वास मिलते है नये चेले का दल शुरु करने को।

११) हमारे शिक्षण कहाँ कहाँ तक ले रहे है?

शिक्षक ने एफ जे टी इसी तरह इस्तेमाल किया करते है।

- गोष्टी मे - शिक्षण देने के लिए २४-३० विद्यार्थी होना चाहिए। गोष्ठी अबर्ड से तीन दिन तक लेते है ये शिष्यो शिक्षा संबंधी के ऊपर है।
- सभा (सत्र) हर हफ्ते - शिक्षण जब हर हफ्ते होते तो १०-१२ विद्यार्थी होना चाहिए। सादा पूजा का अभ्यास करेंगे तो शिक्षण १२ हफ्तो के लिए जाता है। ये सत्र किसी के घर मे या चर्च मे रख सकते। कई शिक्षक प्रशिक्षण के लिए हफ्ते मे दो बार रखते है ताकि शिष्यो को समय मिलते है दूसरो को शिक्षण देने के लिए।
- संदे स्कूल क्लास - संदे स्कूल के लिए ८ या १२ विद्यार्थी होना चाहिए। इधर शिक्षण बहुत समय लेते है तो पढ़ाई का पाठ दो हफ्ते मे सिखाते है। हर समय सादा पूजा को प्रभाव करो, शिक्षण २० हफ्तो लेते है।
- सेमिनेरी या बाइबल कोलिज क्लास - शिष्यता या क्लास मे शिक्षक को एफ जे टी एक हफ्ते प्रशिक्षण गहनते से लिया गया।
- सम्मेलन दल सौ के ऊपर होएगा तो विद्यार्थी एफ जे टी बेसिक डिसाईपलशिप मे शिक्षण दे सकते। इस के लिए शिक्षक को शिष्यों से मदद लेना चाहिए ताकि दल और भीड संभाल सके।
- उपदेश - एफ जे टी करने के बाद, धर्माचार्य हमेशा चर्च मे पढाते है। दूसरे शिष्य का दिलचस्पी बढता जब ऐसा होता। लेकिन गलती क्या होती, एफजेटी 'पढाते" है और 'ट्रेनिंग" नहीं। जब उपदेश देते तब धर्माचार्य ये शिक्षण नही देना चाहिए। ये शिक्षण धार्मिक सभा मे खाली दूसरे शिक्षक के लिए है।

- मिशनरी के बाते - मिशनरी सहायक को बता सकते कि उसे जातवाले कैसे किया जाता। सहायक हमेशा बोलते है कि इतना आसान तरीके से येशू को फोलो कर सकते और मिशनरी का काम कैसे चलते है।
- कोचिंग - कोई शिक्षक समय पर शिक्षण का एक हिस्सा दूसरे को सिखाते है, एफजेटी 'होलिसटिक" है तो शिक्षक किधर से भी शिक्षण शुरु कर सकते, क्राईस्ट का जो चित्र मिलता है वो आत्मविश्वासी है।

१२) मे क्या करु जब अनपढ़ और थोड़ा पढ़ा लिखा आदमी मेरे शिक्षण के लिए आता है?

आ! ये प्रसंग मैं कितने कहानी है जो हम बोल सकते। इधर खाली एक बोलेगा, एक बार थाईलेन्ड मे जब प्रशिक्षण दे रहे थे तब उत्तरदेशी मे से पहाडी के जातवाले से औरत आयी। उसके संस्कृति मे लिखना पढना मना है तेरह वर्ष होने तक मतलब यही है कि कोई पढ़ा नहीं।

हमेशा प्रशिक्षण मे औरत चुपचाप बैठती और सुनती और आदमी पढ़ते लेकिन जब फोलो जिसस ट्रेनिंग चालू किया तब सब औरत तीन दिन के प्रशिक्षण मे भाग लिया। धर्मग्रंथ पढने को एक ही जन को बोला और पूरा दल नही। एक दल मे पाँच-छ: औरत के प्रशिक्षण के समय पर वो तीन दिन में औरत बोलती थी ''अभी हम कुछ सिखा जो दूसरो को सिखा सकते है।""

परिशिष्ट सी

प्रशिक्षण के पहले...

- प्रार्थना दल बनाऊ - प्रार्थना करने के लिए एक प्रार्थना दल बनाऊ
- ये बहुत आवश्यक है।
- एक शिष्य साथ मे ले - एक शिष्य
- शिक्षण देने के लिये साथ में ले लो, जो पहले एफ.जे.टी. मेकिंग रेडिकल डिसाइपल्स उपस्थित किया।
- भाग लेनेवालो को निमंत्रण देना - भाग लेने वाले को सांस्कृतिक रुप से निमंत्रण देना चाहिए। इस के लिए पत्र और निमंत्रण देना चाहिए। मेकिंग रेडीकल डिसाइल्स प्रशिक्षण के लिए २४-३० विद्यार्थी होना चाहिए। शिष्य बहुत है तो १०० विद्यार्थी को प्रशिक्षित कर सकते। एम.आर.डी. प्रशिक्षण हर हफ्ते तीन के ऊपर विद्यार्थी प्रभावशाली से कर सकते है।
- सब तयारी - सीखने वाले के लिए घर, खाना और परिवहन तयार करो।
- मिलने के लिए एक जगह बनाओ - मिलने के लिए जगह तयार करो जैसे कमरे मे सामान रखने के लिए दो टेबल पिछे मे रखो, कुर्सी गोल में रखो ताकी प्रशिक्षण मे सक्रियता के लिए बड़ा जगह हाहेना चाहिए। उचित होने के लिए कुर्सी के बदले मे चटाई डालों जमीन पर हर दिन दो ब्रेक रखो जिसमे कॉफी, चाय और नाश्ता दे सकते।
- आर्थिक प्रशिक्षण इकता कर - बाइबल, सफेद बोर्ड, पेपर, मार्कर, विद्यार्थी के नोट, नेता के नोट, सफेद पेपर ॲक्ट २९ मेप के लिए कलम अलग अलग रंगो का, पुस्तक (जैसे स्कूल के बच्चे इस्तेमाल करते) कलम और पेन्सिल

- पूजा समय की व्यवस्था - हर सहभागी लिए गाने और गायक दल का पुस्तक होना चाहिए। दल से ही कोई गिटार बजा सकेंगे तो मदद करने के लिए पूछ सकते हो। हर शिक्षण के लिए उचित गीत चुन सकते जो पाठ के ऊपर से ले सकते ।
- अध्ययन के लिए प्राप इकट्ठा कर - एक फुगा इकट्ठा करो, एक पानी का बोतल और प्रतियोगिता के लिए इनाम रखो।

प्रशिक्षण के समय पर

- मुलायम हो जाओ - सूची मे रहो लेकिन शिष्य के जीवन मे भगवान जो भी करता उसके लिए मुलायम रहे।
- अभ्यास और उत्तरदायी पर ध्यान दे - पाठ पढने के बाद ये जरुरी है कि शिष्यों एक दूसरे के सीखा सकते है। अभ्यास के बीना, सिखनेवाले दूसरो को प्रशिक्षित करने के लिए विश्वास नहीं होएगें। शिक्षण छोटा करेंगे तो ठीक है लेकिन अभ्यास का समय काट मत कर । गुणे के लिए अभ्यास और उत्तरदायित्व होना चाहिए।
- नेतृत्व के लिए सब शामिल हो जाए - हर सत्र के बाद एक तथा आदमी प्रार्थना करने को बोले। जैसे ही प्रशिक्षण कायम होता है तभी सब शिष्य प्रार्थना बंद करने को कम से कम एक मौका मिलना चाहिए। सादा पूजा मे भी शिष्यों को एक बार नेतृत्व करने का मौका मिलना चाहिए। ऐसा मौका आएंगे जब छोटा दल मिलते है।
- हर शिष्य की विशेष गुण प्रदान करो और अधिकार देना - शिक्षा में भाग लेने वालो को अपने अपने गुण को अधिकार देना चाहिए। गोष्टी में सब शिष्यो को प्रतिभा उपयोग करना चाहिए। संगीत, अतिथि सेवा, प्रार्थना, शिक्षण, मिजाज, और सेवा ।
- समीक्षा समीक्षा, समीक्षा - जब हर सेत्र शुरु होता है तभी समीक्षा करना मत भूलना। सेत्र के अंत तक हर शिष्य को प्रश्न, उत्तर और हाथ का गति आना चाहिए। उसको याद दिलाओ कि जैसा शिक्षण मिला वैसे ही एक दूसरे के प्रशिक्षित करो। समीक्षा का सत्र भी एक साथ करना चाहिए।

- आँकने के लिए तैयार करो - हर सत्र मे जब शिष्य कोई प्रश्न पूछते है या प्रशिक्षण के स्थिति के बारे में नहीं समझते तो ध्यान से लिखो बाद मे यही छोटी चिट्ठी आँकने के समय पर तुम और तुम्हारे साथी विचार करने को काम पे आएँगे।
- सादा पूजा का समय भूलना मत - प्रशिक्षण का सबसे बडा हिस्सा सादा पूजा लेते है जैसे ही शिष्यो सादा पूजा के समय का बड़ा हिस्सा लेते है वैसे ही उसका विश्वास, दल शुरु करने के लिए बढ़ेंगे।

प्रशिक्षण के बाद

- शिक्षार्थी के साथ प्रशिक्षण का सब आकार आँकना चाहिए - शिष्य के साथ प्रशिक्षण का समय समीक्षण और भाव बढ़ने के लिए समय ले लो। वास्तविक और नकारात्मक की सूची बनाओ। अगले बार जब प्रशिक्षण का शिक्षण देते तभी उन्नती का योजना बनाओ।
- दूसरे शिष्य के साथ बातचित करो, आनेवाले प्रशिक्षण मे मदद कर सकते - दो, तीन विद्यार्थियों को स्पर्श करो, जो प्रशिक्षण मे नेता बनने का संभाव्य दिखाई देते है, जो आनेवाले मेगिंग रेडीकल डिसाइपल्स प्रशिक्षण में तुमको मदद कर सकते है।
- आनेराले शिक्षण के लिए शिष्य को मित्र लाने को जोश दिलाना - बाद में भाग लेने वालो को साथी के साथ आने का जोश दिलाओ। इसी तरह शिक्षक जल्दी से जल्दी बढते जाऐंगे।

अनुसूची

ये किताब इस्तेमाल करो जब तीन-दिन या बारह-हफ्तो का प्रशिक्षण कार्यक्रम करते है। दोनो नियतो में सत्र कम से कम डेढ घंटा लेते और सिखनेवाले की प्रशिक्षण देने का व्यवस्था इस्तेमाल करो।

बेसिक डिसाइपल्सशिप ट्रेनिंग - तीन दिन

	दिन १	दिन २	दिन ३
८.३०	सादा पूजा	सादा पूजा	सादा पूजा
९.००	स्वागत	आज्ञा मानना	बोना
१०.१५	ब्रेक	ब्रेक	ब्रेक
१०.३०	बढ़ना	चलना	पीछे चलना
१२.००	भोजन	भोजन	भोजन
१.००	सादा पूजा	सादा पूजा	सादा पूजा
१.३०	प्रेम	जाना	स्वीकार करना
३.००	ब्रेक	ब्रेक	
३.३०	प्रार्थना करना	भाग	
५.००	रात्रि भोजन	रात्रि भोजन	

आधारिक डिसाईपलशिप ट्रेनिंग - साप्ताहिन

सप्ताह १	स्वागत	सप्ताह ७	चलना सादा पूजा
सप्ताह २	बढ़ना	सप्ताह ८	सादा पूजा
सप्ताह ३	प्रेम	सप्ताह ९	जाना
सप्ताह ४	सादा पूजा	सप्ताह १०	भाग
सप्ताह ५	प्रार्थना करना	सप्ताह ११	पीछे चलना
सप्ताह ६	आज्ञा मानना	सप्ताह १२	उठाना

www.ingramcontent.com/pod-product-compliance
Lightning Source LLC
Chambersburg PA
CBHW071504040426
42444CB00008B/1484

* 9 7 8 1 9 3 8 9 2 0 1 3 4 *